Das demokratische Jahr der DDR
Zwischen Friedlicher Revolution
und deutscher Einheit

Reihe »Aufarbeitung kompakt«
Band 15

STIFTUNG **ETTERSBERG**
Europäische Diktaturforschung
Aufarbeitung der SED-Diktatur
Gedenk- und Bildungsstätte Andreasstraße

www.stiftung-ettersberg.de

Das demokratische Jahr der DDR
Zwischen Friedlicher Revolution und deutscher Einheit

Herausgegeben von
Jörg Ganzenmüller und
Franz-Josef Schlichting

Redaktion: Daniela Frölich

Wissenschaftliches Tagesseminar
der Stiftung Ettersberg und der Landeszentrale
für politische Bildung Thüringen

26. September 2020
Gedenk- und Bildungsstätte Andreasstraße Erfurt

© 2021, Stiftung Ettersberg
Jenaer Straße 4, 99425 Weimar
Alle Rechte vorbehalten.
1. Auflage

ISBN 978-3-943098-20-4

Inhalt

Jörg Ganzenmüller · Franz-Josef Schlichting
Vorwort 7

Francesca Weil
Institutionen zivilgesellschaftlichen Engagements.
Die Runden Tische 1989/90 in der DDR 11

Bettina Tüffers
Die 10. Volkskammer der DDR. Ein Parlament im Umbruch 27

Marcus Böick
Konjunkturen des Ökonomischen im Umbruch:
Retrospektiven auf das lange Schwellenjahr 1990
zwischen enttäuschten Erwartungen und affirmativen
Alternativlosigkeiten 47

Nina Leonhard
Die Auflösung staatlicher Strukturen:
Von der NVA zur »Armee der Einheit« 73

Gabriele Köhler
Die Schulstrukturdebatten 1990.
Reformoptionen, Kompromisse und Ergebnisse
im bildungspolitischen Einigungsprozess 95

Helena Gand
Zukunftserwartungen im »demokratischen Jahr der DDR«.
Hoffnungen und Ängste in Bürger*innenbriefen
aus der DDR und der Bundesrepublik 109

Autorinnen und Autoren 131

Abbildungsverzeichnis 136

Jörg Ganzenmüller · Franz-Josef Schlichting

Vorwort

Im Mai 2021 provozierte der »Ostbeauftragte« der Bundesregierung, Marco Wanderwitz, im Kontext der Wahlerfolge der AfD in Ostdeutschland mit der Aussage: »Wir haben es mit Menschen zu tun, die teilweise in einer Form diktatursozialisiert sind, dass sie auch nach dreißig Jahren nicht in der Demokratie angekommen sind.«[1] Demokratiebewusstsein hängt in dieser Logik eng mit der Demokratieerfahrung zusammen. Dieses Argument ist nicht neu. Bereits 1989 deuteten vornehmlich westdeutsche Beobachter die friedliche Revolution als Ende einer ostdeutschen Diktaturerfahrung, die nach 12 Jahren Nationalsozialismus auch noch 40 Jahre SED-Diktatur umfasste. Die Wiedervereinigung ebene den Ostdeutschen den Weg in eine deutsche Demokratiegeschichte, den der Westen bereits 1949 eingeschlagen habe. Insofern markiere der Beitritt zum Grundgesetz den Endpunkt eines ostdeutschen Sonderwegs auf Deutschlands »langem Weg nach Westen« und ermögliche den Ostdeutschen fortan die Teilhabe an der westdeutschen Demokratieerfahrung.[2]

Mit dieser Sichtweise geht eine Erzählung des revolutionären Umbruchs 1989/90 einher, die auf den »Mauerfall« und die deutsche Einheit fokussiert und die friedliche Revolution zu einem bloßen Auftakt marginalisiert, bei dem die Rufe »Wir sind das Volk« schon bald in »Wir sind ein Volk« mündeten.[3] Die staatliche Teilung scheint schon mit der Grenzöffnung faktisch aufgehoben und Helmut Kohl

---

[1] MARCO WANDERWITZ im FAZ-Podcast vom 28.5.2021, URL: https://www.faz.net/podcasts/f-a-z-podcast-fuer-deutschland/ostbeauftragter-ueber-afd-waehler-nach-30-jahren-nicht-in-der-demokratie-angekommen-17363632.html (letzter Zugriff: 15.08.2021).

[2] HEINRICH AUGUST WINKLER: Der lange Weg nach Westen. 2 Bände. München 2000.

[3] Zur Einheit als Fluchtpunkt der Erzählung vom Herbst 1989 siehe auch RALPH JESSEN: Das Volk von 1989 als Praxis, Projektion und Erinnerungsort. In: THOMAS GROSSBÖLTING/CHRISTOPH LORKE (HRSG.): Deutschland seit 1990. Wege in die Vereinigungsgesellschaft (Nassauer Gespräche, 10). Stuttgart 2017, S. 33–50, hier S. 45 f.

tritt als entscheidender Akteur auf, der den Weg zur Einheit ebnete. Eher marginal behandelt wird in dieser Perspektive die friedliche Machtübergabe, die durch Verhandlungen zwischen der SED und den Vertreterinnen und Vertretern der Runden Tische ausgehandelt wurde. Die Selbstdemokratisierung der DDR schrumpft auf dem scheinbar unaufhaltsamen Weg in die Einheit zu einer eher wenig bedeutsamen Randnotiz.[4]

In vielen Erzählungen der friedlichen Revolution scheint die Herrschaft der SED mit der Grenzöffnung beendet. Tatsächlich folgte in den Monaten zwischen November 1989 und Oktober 1990 eine Selbstdemokratisierung der DDR, die von den Massenprotesten im Herbst 1989 ausging, anschließend von den Runden Tischen angestoßen, durch die Volkskammerwahlen im März 1990 legitimiert und durch eine umfassende Gesetzgebung von der Volkskammer verwirklicht wurde. Das demokratische Jahr der DDR ist die Geschichte einer Rückgewinnung der Volkssouveränität und der schrittweisen Selbstdemokratisierung der ostdeutschen Gesellschaft.[5] Die Dimension der Selbstdemokratisierung gesondert zu betonen, scheint uns nicht nur der historischen Redlichkeit wegen, sondern auch aus demokratiepolitischen und demokratiepädagogischen Gründen wichtig.

Mit dem Beitritt Ostdeutschlands zum Geltungsbereich des Grundgesetzes am 3. Oktober 1990 geriet diese Selbstdemokratisierung an ein Ende. Denn im vereinten Deutschland gab es nicht mehr viele Möglichkeiten zur Ausgestaltung einer ja seit 40 Jahren bewährten demokratischen Ordnung. Und doch bricht hier die Selbstdemokratisierung der ostdeutschen Gesellschaft nicht einfach ab, denn die neuen demokratischen Institutionen in den Ländern und den Kommunen mussten ja mit Leben gefüllt werden. Und diejenigen, die das demokratische Jahr der DDR mitgestaltet hatten, brachten ihre Erfahrungen zum Teil auch im vereinten Deutschland aktiv ein.

---

[4] Eine entsprechende Schwerpunktsetzung findet sich zum Beispiel bei ANDREAS RÖDDER: Deutschland einig Vaterland. Die Geschichte der Wiedervereinigung. München 2009.

[5] So versteht Ilko-Sascha Kowalczuk seine Darstellung der Revolution von 1989 in der DDR explizit nicht als Geschichte der deutschen Einheit, sondern als Geschichte des gesellschaftlichen Aufbruchs, der die deutsche Einheit erst möglich machte, vgl. ILKO-SASCHA KOWALCZUK: Endspiel. Die Revolution von 1989 in der DDR. München 2009, S. 13 f.

Der vorliegende Band dokumentiert die Vorträge des Wissenschaftlichen Tagesseminars, das die Stiftung Ettersberg gemeinsam mit der Landeszentrale für politische Bildung Thüringen im Jahr 2020 veranstaltet hat.[6] Im Zentrum standen folgende Fragen: Wer waren die Akteurinnen und Akteure der Selbstdemokratisierung in der DDR? An welchen Orten wurde diese Selbstdemokratisierung – auch mit den alten Machthabern – ausgehandelt? Welche Vorstellungen hatten die aktiv Handelnden von einer demokratischen DDR? Welche Konzepte wurden entwickelt, und was wurde aus ihnen nach der deutschen Einheit? Auch wenn seit dem Herbst 1989 und verstärkt seit der Volkskammerwahl im März 1990 der Weg zu einer Vereinigung der beiden deutschen Staaten vorgezeichnet war, so haben diese Prozesse der Demokratisierung einen Wert an sich, und es stellt sich die Frage, wie viel davon nach dem 3. Oktober 1990 übriggeblieben ist.

Im ersten Beitrag stellt Francesca Weil zunächst die Arbeit der Runden Tische vor. Sie waren die Orte, an denen neue und alte politische Kräfte aufeinandertrafen und den Übergang in die Demokratie aushandelten. Bekannt ist der Zentrale Runde Tisch in Berlin, aber Runde Tische gab es im ganzen Land, bis hinunter auf die kommunale Ebene. In einer Zeit, in der die alte Staatsmacht Legitimation und Autorität verloren hatte, übernahmen hier Menschen Verantwortung für die Zukunft ihres Gemeinwesens und gestalteten den Übergang in eine Demokratie.

Mit der ersten freien Wahl der Volkskammer hatte sich der Zentrale Runde Tisch überlebt, nun lag die politische Verantwortung bei den demokratisch legitimierten Repräsentantinnen und Repräsentanten im Parlament der DDR. Bettina Tüffers beleuchtet dessen Arbeit, die einerseits von aktuellen Herausforderungen bestimmt war, andererseits darauf abzielte, sich durch den Beitritt zur Bundesrepublik selbst möglichst schnell wieder abzuschaffen.

---

[6] Das Wissenschaftliche Tagesseminar »Das demokratische Jahr der DDR – Zwischen Friedlicher Revolution und deutscher Einheit« fand am 26.09.2020 als Hybridveranstaltung in der Gedenk- und Bildungsstätte Andreasstraße statt. Siehe dazu den Tagungsbericht von EMILIA HENKEL: Tagungsbericht: Das demokratische Jahr der DDR – Zwischen Friedlicher Revolution und deutscher Einheit, 26.09.2020 Erfurt. In: H-Soz-Kult, 30.11.2020, URL: http://www.hsozkult.de/conferencereport/id/tagungsberichte-8827 (letzter Zugriff: 15.08.2021).

Die Treuhand ist bis heute ein Synonym für die angeblich westliche Übernahme der DDR-Volkswirtschaft. Marcus Böick führt in seinem Beitrag zu ihren Anfängen zurück, zugleich weitet er jedoch den Blick und untersucht die Konjunkturen des Ökonomischen im Umbruch, wobei er die verbreitete Rede von vermeintlichen ökonomischen »Alternativlosigkeiten« in den Jahren 1989/90 hinterfragt.

Ein wesentliches Kennzeichen des Jahres 1990 war es auch, dass sich die alten staatlichen Strukturen mangels Legitimität und schwindender Autorität auflösten. Dies ließ sich in der Schule ebenso wie bei der Volkspolizei beobachten. Nina Leonhard beleuchtet diesen Prozess am Beispiel der NVA, der 1989 nicht nur der Feind, sondern 1990 auch das eigene Land abhandenkam. Gabriele Köhler widmet sich den Schulstrukturdebatten des Jahres 1990 und geht auf Reformoptionen, Kompromisse und Ergebnisse im bildungspolitischen Einigungsprozess ein.[7]

Nach Reinhart Koselleck basiert historisches Bewusstsein auf Vergangenheitserfahrung und Zukunftserwartung.[8] Für die Ostdeutschen bedeutete das Jahr 1990 einen Sprung in eine völlig offene Zukunft. Eine solche Situation haben viele als Chance begriffen, für andere war dies zunächst mit dem Verlust von Sicherheit verbunden. Helena Gand beleuchtet anhand von Briefen von Bürgerinnen und Bürgern die zeitgenössischen Vorstellungen, die sich die Deutschen in Ost und West von der Zukunft im Jahr 1990 machten, und zeigt damit die vielfältigen Erwartungen an Demokratisierung und Einheit auf. Gerade der Blick auf diese zeitgenössischen Erwartungen verdeutlicht, dass wir es weniger mit einem fehlenden Demokratiebewusstsein in Ostdeutschland zu tun haben, jedoch mit Erwartungen, die zum Teil schon früh enttäuscht wurden.

---

[7] Der Beitrag von GABRIELE KÖHLER wurde als thematische Ergänzung nachträglich in den Band aufgenommen.

[8] REINHART KOSELLECK: »Erfahrungsraum« und »Erwartungshorizont« – zwei historische Kategorien. In: DERS.: Vergangene Zukunft. Zur Semantik geschichtlicher Zeiten. Frankfurt am Main 1979, S. 349–376.

Francesca Weil

Institutionen zivilgesellschaftlichen Engagements. Die Runden Tische 1989/90 in der DDR

In den vergangenen Jahren wurde viel über die Friedliche Revolution 1989 in der DDR und die Jahre danach diskutiert und zuweilen heftig gestritten. Das hatte zum einen mit ihrem 30. Jahrestag und damit verbundenen Deutungshoheiten zu tun, zum anderen mit ihrer unerträglichen Instrumentalisierung durch die AfD. Damit verbinden sich auch seit längerem geführte öffentliche Debatten zur (Selbst-) Bewertung der Lebensleistungen von Ostdeutschen, was die Jahre 1989/90, aber auch die Frage nach dem Grad ihrer zivilgesellschaftlichen Stärken ausdrücklich einschließt. Mit den Erfahrungen der schwierigen 1990er Jahre im Hintergrund wird mitunter wiederholt die schnelle Wiedervereinigung nach dem damaligen Artikel 23 des Grundgesetzes kritisiert und mit Blick auf heutige gesellschaftliche Probleme die Frage gestellt, ob eine spätere Vereinigung der beiden deutschen Staaten auf Augenhöhe und mit einer gemeinsamen neuen Verfassung vernünftiger gewesen wäre. Unweigerlich erinnert man sich an den Verfassungsentwurf des Zentralen Runden Tisches der DDR aus dem Jahr 1989. Als die Beteiligten ihn vorlegten, waren die schnelle Wiedervereinigung und die Beibehaltung des Grundgesetzes allerdings bereits beschlossene Sache. Auffällig an all diesen Debatten ist, dass die Runden Tische 1989/90 in der DDR und das dortige politische Engagement tausender Ostdeutscher kaum Erwähnung finden.[1] Das wird der Bedeutung dieser Institutionen nicht

---

[1] Runde Tische weisen eine lange kulturgeschichtliche Tradition auf. Der Begriff geht kultur- und sprachhistorisch auf die König-Artus-Sage zurück. Die moderne politische Institution Runder Tisch begann sich Anfang des 19. Jahrhunderts in Europa, zuerst in England als round-table-talks, zu etablieren. In den Umbruchsjahren 1989/90 entstanden derartige Gremien in sechs ost- und mitteleuropäischen Ländern, neben der DDR in Polen, Ungarn, der Tschechoslowakei, in Rumänien und Bulgarien. Darüber hinaus auch in der Mongolei. Dabei hatte der erste Runde Tisch in Polen Modell- und Symbolcharakter für alle osteuropäischen Länder. Doch nur in der DDR entstanden neben dem zentralen Gremium

gerecht, auch wenn sie im Folgenden einer eher kritischen, weil stark differenzierenden Betrachtung unterzogen werden. Von westdeutschen Politikern und Politikerinnen argwöhnisch beobachtet und mitunter arrogant abgewertet, etablierten sich zwischen November 1989 und Januar 1990 Hunderte von Runden Tischen in der DDR, auf allen staatlichen Ebenen. Darüber hinaus gab es zahlreiche dieser Gremien in Betrieben und als thematische Runde Tische, z. B. »Grüne Tische« mit unterschiedlichen Bezeichnungen, Runde Tische u. a. zu den Themen »Jugend«, »Nationale Volksarmee«, »Arbeitslosigkeit«, »Bildung«. Wie die Zentralen Runden Tische in der DDR und in sechs weiteren ostmitteleuropäischen Ländern verfolgten auch diese Tische eine Strategie des Verhandelns mit den alten Machthabern. Die Beteiligten verzichteten demnach darauf, dieselben zu stürzen und die Macht durch die oppositionellen Parteien und Gruppierungen übernehmen zu lassen.[2] Dem entgegen wollten die meisten von ihnen an den Runden Tischen dazu beitragen, die alten administrativen Strukturen vor dem völligen Zusammenbruch zu bewahren. Auch als den verunsicherten und unentschlossenen Staatsorganen der DDR die Macht aus den Händen zu gleiten drohte, konnten und wollten die meisten Mitglieder der Runden Tische Entscheidungsbefugnisse im Sinne von Machtausübung nicht übernehmen. Somit ließen es die Beteiligten an den Runden Tische zu, dass die nach wie vor von SED-Funktionären dominierte staatliche Bürokratie in den Kommunen, Kreisen und Regionen nicht oder nicht vollends entmachtet wurde. Letztendlich unterstützten sie sogar die Stabilisierung der meisten Behörden, die sich nicht nur mit einer Krisensituation, sondern unter der Modrow-Regierung auch mit einer zunehmenden, ungewohnten Eigenständigkeit konfrontiert sahen.

---

hunderte weiterer Runder Tische. Aufbauend auf dem politischen Grundwert der Gleichheit spricht man an Runden Tischen nicht im Gegenüber, sondern im Miteinander und versucht einen gemeinsamen Konsens zu finden.

[2] Vgl. BERND GEHRKE: 1989 und keine Alternative? In: DERS./WOLFGANG RÜDDENKLAU (HRSG.): ... das war doch nicht unsere Alternative. DDR-Oppositionelle zehn Jahre nach der Wende. Münster 1999, S. 417–431, hier S. 427.

Abb. 1: Der Zentrale Runde Tisch in Berlin am 15.01.1990, in der Bildmitte Ingrid Köppe vom Neuen Forum (Foto: Rainer Mittelstädt).

Bildung, Zusammensetzung, Arbeitsweisen, Schwerpunktsetzung in den Aufgaben, Modalitäten der Zusammenarbeit mit den staatlichen Institutionen, aber vor allem unmittelbare Einfluss- und Wirkungsmöglichkeiten lassen die Runden Tische äußerst unterschiedlich erscheinen. Sie entstanden teilweise spontan und zwar immer dann, wenn sie aus den vielerorts gebildeten Sicherheitspartnerschaften zwischen oppositionellen Gruppierungen und staatlichen Institutionen hervorgingen. Nach der Bildung des Zentralen Runden Tisches am 7. Dezember 1989 in Berlin (Ost), dem damit verbundenen Aufruf der SED zur Etablierung derartiger Gremien vom 23. November und dem Beschluss der Modrow-Regierung vom 21. Dezember, die Runden Tische zu unterstützen,[3] erfolgte die Gründung der Tische mitunter gelenkt. In diesen Fällen spielten Funktionäre der SED, der Blockparteien und der staatlichen Institutionen bei der Einberufung der Gremien häufig eine Schlüsselrolle. Doch diese Ansätze für eine »von oben verordnete« Demokratisierung sagen nicht allzu viel über die

---

[3] Vgl. ULRIKE POPPE: Der Runde Tisch. In: MARTIN SABROW (HRSG.): Erinnerungsorte der DDR. München 2009, S. 492–502, hier S. 494.

jeweiligen Ergebnisse sowie den Einfluss der einzelnen Tische auf die Entwicklung und die Demokratisierung in den Kommunen und Regionen aus. Die Runden Tische bildeten sich auf den einzelnen Ebenen voneinander unabhängig; ein hierarchisches System wurde nicht geschaffen. Sie knüpften lediglich an die entsprechenden Verwaltungsebenen in den Kommunen, Kreisen und Bezirken an. Bei der Bildung der Tische war der Zentrale Runde Tisch allerdings weniger Impulsgeber oder Vorbild, sondern eher Impulsverstärker.

Eine Gemeinsamkeit, die alle Tische aufwiesen, war, dass sie folgende Grundposition zur Teilnahmeberechtigung beschlossen und nach außen vertraten:

»Eine Partei, die aus Programm oder Aktionen erkennen lässt, dass sie chauvinistische, rassistische, terroristische oder andere menschenverachtende Ziele verfolgt, wird zur Teilnahme am Runden Tisch nicht zugelassen bzw. von der Teilnahme ausgeschlossen.«[4]

In Hinblick auf die Zusammensetzung nach Parteien und Gruppierungen, aber auch auf die Vergabe von Stimmrechten, deren Anzahl, von Beobachtungs-, Beratungs-, Rede- und Antragsrechten und auf das Beachten einer gewissen Parität unterschieden sich die Runden Tische jedoch grundsätzlich voneinander. Damit war das gesellschaftliche Gewicht der vertretenen Gruppen und Parteien quantitativ wie qualitativ sehr unterschiedlich. Gemeinsam war den meisten Gremien, dass die Beteiligten der ersten Tischrunden recht willkürlich darüber entschieden, welche Parteien oder Gruppen noch stimmberechtigt, beratend oder beobachtend an den Tischen Platz nehmen durften. Die Zusammensetzung war aber auch deswegen willkürlich, weil sich Parteien im Verlaufe der Zeit nach Belieben zurückzogen. Ein einheitliches Muster der Zulassung und Zusammensetzung ist jedenfalls nicht erkennbar.

Von einem demokratischen Wahl- oder Delegierungsverfahren durch die Parteien und Gruppierungen kann auch nicht durchgängig die Rede sein. Ausgangspunkt für diese durchaus kritisch zu betrachtende

---

[4] Vgl. Aussprache am Runden Tisch. Erklärung der Gesprächsteilnehmer in Karl-Marx-Stadt. In: *Freie Presse* vom 15.12.1989, S. 1.

Situation war weniger die Intention, einem basisdemokratischen Modell zu folgen, sondern eher die Überzeugung, die Runden Tische vorrangig als Verständigungs- und nicht als Leitungsgremien zu verstehen.[5] Daraus ergaben sich jedoch Legitimationsprobleme für die Tische. Realiter wurden sie zwar anerkannt, aber nur, weil die Funktionäre der staatlichen Institutionen deren Mitarbeit für die Legitimation ihres eigenen (vorläufigen) Machterhalts benötigten. Außerdem konnten sich die Tische zum Zeitpunkt ihrer Gründung auf den Rückhalt in großen Teilen der Bevölkerung stützen. Es waren vor allem die Massendemonstrationen und -proteste, die ihre Position und Einflussnahme ermöglichten und stärkten. Die fehlende demokratische Legitimation erwies sich jedoch bei der Einflussnahme der Runden Tische auf Entscheidungen der Administration als grundsätzliches Problem.

Dem Beispiel des Zentralen Runden Tisches, die Sitzungen von Kirchenvertretern moderieren zu lassen, folgten viele Gremien. Die Theologen und Pfarrer verstanden sich nicht als Vertreter eigener Interessen, sondern als »Vermittler in Verantwortung für das Ganze«, »Helfer zum Gespräch« und »Mahner zur Friedfertigkeit«, wie es Martin Ziegler, einer der Moderatoren am Zentralen Runden Tisch, formulierte.[6] Hierbei konnte das christlich geprägte Bemühen um Konsens und Ausgleich jedoch auch wichtige oder intensivere Auseinandersetzungen verhindern. An anderen Runden Tischen rotierte die Gesprächsleitung unter allen teilnehmenden Gruppierungen und Parteien. Die Rotation der Tischleitung behinderte aber mitunter die erforderliche Stringenz im Ablauf.

Im Gegensatz zum zentralen Gremium waren an vielen Runden Tischen die Funktionäre der staatlichen Institutionen, in den meisten Fällen die (amtierenden) Vorsitzenden der Räte der Kommunen, der Kreise und Bezirke, von Anfang an anwesend; sie beteiligten sich maß-

---

[5] Vgl. Günter Bransch: Von der Konfrontation zur Sacharbeit. Runder Tisch Potsdam. In: Friedrich Winter (Hrsg.): Die Moderatoren der Runden Tische. Evangelische Kirche und Politik 1989/90. Leipzig 1999, S. 81–85, hier S. 82.

[6] Vgl. Martin Ziegler: Runder Tisch und politische Kultur in Europa. In: Der Platz der Kirchen an den Runden Tischen. 9. Werkstattgespräch (Schriftenreihe des Instituts für vergleichende Staat-Kirche-Forschung, 11). Berlin 2000, S. 68–71, hier S. 69.

geblich und in Ausnahmefällen sogar mit Stimmrecht an den Beratungen. Abgesehen von Letzterem hatte das seine Berechtigung, ging es den Runden Tischen doch in erster Linie um die Kontrolle der staatlichen Institutionen in den Kommunen wie Regionen und damit um eine umfassende Information durch die Räte der Kommunen, Kreise und Bezirke. Die einzelnen Tische besaßen jedoch aufgrund der verschiedenen Ansprüche, Intentionen, Ambitionen und Herangehensweisen nicht die gleichen Chancen, was ihre Kontroll- und Beratungstätigkeit in den staatlichen Institutionen und damit ihre Einflussnahme auf die Entwicklung in den Ortschaften und Regionen anging.

Der Zentrale Runde Tisch tagte vom 7. Dezember 1989 bis zum 12. März 1990 insgesamt 16 Mal. In diesem kurzen Zeitraum wurden zahlreiche Beschlüsse verabschiedet, die alle Politikbereiche betrafen.[7] Der Tisch verfügte letztendlich über insgesamt 17 Arbeitsgruppen mit den klassischen Funktionen von Parlamentsausschüssen. Die Gesamtzahl der ordentlichen Mitglieder, Beraterinnen und Berater belief sich auf 276, welche teilweise ein an die letzten Reserven gehendes Arbeitspensum erledigten.[8] Die regionalen und lokalen Runden Tische kamen im Laufe ihres Bestehens durchschnittlich neun bis 20 Mal zusammen und tagten in der Regel zwischen acht bis zwölf Stunden.[9] Die Beteiligten an den Runden Tischen der Bezirke trafen sich zwischen dem 7. Dezember 1989 und dem 12. Juli 1990 zwölf bis 21 Mal. Manche gingen ihrer Tätigkeit regelmäßig, zumeist wöchentlich oder vierzehntägig nach, andere (vor allem zum Ende hin) eher unregelmäßig.

Drei bis maximal sieben Monate waren ein knapper Zeitraum, in dem an den Tischen viele Themen und Probleme diskutiert wurden, die jedoch oft nicht binnen Kurzem oder gar endgültig gelöst werden konnten. Die größte Leistung der Oppositionellen am Zentralen Runden Tisch der DDR war, dass der Staatssicherheitsapparat gegen

---

[7] Vgl. ANDRÉ HAHN: Der Runde Tisch. Das Volk und die Macht. Politische Kultur im letzten Jahr der DDR. Berlin 1998, S. 124 f.

[8] Vgl. UWE THAYSEN: Der Runde Tisch oder: Wo blieb das Volk? Der Weg der DDR in die Demokratie. Opladen 1990, S. 102.

[9] Vgl. FRIEDRICH WINTER: Einführung. In: DERS. (HRSG.): Die Moderatoren der Runden Tische (wie Anm. 5), S. 10-44, hier S. 18.

den Willen des Ministerpräsidenten Hans Modrow kompromisslos und vollständig aufgelöst wurde. Mit dieser Leistung verbunden waren aber auch die größten Fehler des Zentralen Runden Tisches. So erklärten sich die Beteiligten damit einverstanden, dass sich die Hauptverwaltung Aufklärung, d. h. der Apparat der Auslandsspionage der Staatssicherheit, bis zum 30. Juni 1990 weitgehend selbst auflösen und alle Akten vernichten konnte. Obwohl er das von der Volkskammer letztendlich angenommene Wahlgesetz nicht wie beabsichtigt selbst entworfen hat, wachte der Zentrale Runde Tisch außerdem darüber, dass die Entscheidung, freie Wahlen zuzulassen, erfolgreich umgesetzt wurde, und war damit, so der Politikwissenschaftler Uwe Thaysen, »Wegbereiter freier Wahlen«[10]. Das Gremium beschäftigte sich zudem mit dem Parteien- und Vereinigungsgesetz, dem Versammlungsgesetz, dem Mediengesetz und nicht zuletzt mit einem oben bereits erwähnten Verfassungsentwurf.

Wie am Zentralen Runden Tisch ging es auch an den Runden Tischen der Bezirke – aber vergleichsweise noch mehr – um kurzfristige Maßnahmen für das praktische Leben; sie entwickelten jedoch ebenso konkrete längerfristige Reformvorschläge für ausgewählte Bereiche der Gesellschaft. Die Beteiligten diskutierten zahlreiche wichtige und teilweise hochbrisante, vor allem die Regionen betreffende Themen und versuchten, Lösungen für die Probleme zu entwickeln. Fast alle Runden Tische der Bezirke konnten die größten Erfolge ihrer Arbeit in der begleitenden Kontrolle der Auflösung der Staatssicherheitsstrukturen und in der Beaufsichtigung der Wahlvorbereitungen verbuchen. Manche Tische nahmen sich aber auch durchgängig bestimmter Schwerpunktthemen an, was sie deshalb maßgeblich von anderen Bezirkstischen unterschied. Diese Schwerpunkte wurden zum einen durch die ungleichen Ausgangssituationen in den einzelnen Bezirken mitbestimmt. An manchem Runden Tisch ging es deshalb in erster Linie und von Anfang an um die Aufrechterhaltung von Strukturen, damit die Versorgung der Bevölkerung weiterhin ausreichend gewährleistet werden konnte. Zum anderen gab es bei der Schwer-

---

[10] Vgl. UWE THAYSEN/HANS MICHAEL KLOTH: Der Runde Tisch und die Entmachtung der SED. Widerstände auf dem Weg zur freien Wahl. In: Materialien der Enquete-Kommission »Aufarbeitung von Geschichte und Folgen der SED-Diktatur in Deutschland«, Band VII/2. Baden-Baden 1995, S. 1706–1852, hier S. 1797 f.

punktsetzung der Themen auch Sonderfälle. So gingen von bestimmten Runden Tischen erste Impulse zur Landesbildung aus; in anderen Gremien spielten die Wahlvorbereitungen eine überdurchschnittliche Rolle.

Von Dezember 1989 bis Mitte Februar 1990 waren die Runden Tische zwar nicht Inhaber der realen Macht, was die meisten Beteiligten auch bewusst nicht wollten. Aber es ging ebenfalls nichts (mehr) gegen und schon gar nichts ohne sie. Mit ihren Kritiken und daraus folgenden Empfehlungen, Anregungen, Weisungen und Beschlüssen versuchten die Mitglieder der Runden Tische, Einfluss auf die Beschlüsse der Räte und damit auf die Entwicklung in den Orten und Regionen zu nehmen. Seit der zweiten Dezemberhälfte konnte es sich kein Repräsentant einer staatlichen Einrichtung mehr leisten, Einladungen oder Anträge Runder Tische auszuschlagen. Die Anfragen der Gremien zu ignorieren, wäre nur um den Preis eines sofortigen Absturzes in die politische Bedeutungslosigkeit möglich gewesen.[11] Viele Vertreterinnen und Vertreter staatlicher Institutionen waren allerdings auch bereit, sich der veränderten Situation anzupassen und mit den Tischen zusammenzuarbeiten. Das lief selbstverständlich nicht ohne Konflikte ab. Doch hinterließen manche Staatsfunktionäre einen durchaus pragmatischen wie reformwilligen Eindruck. Außerdem wurde ihnen im Laufe der Zeit bewusst, dass auch sie nur noch eine Übergangsfunktion innehatten. Die Beschlüsse der meisten Runden Tische erhielten deshalb einen etwas verbindlicheren Charakter. Damit ging einher, dass das Auftreten der Beteiligten gegenüber den staatlichen Institutionen, aber auch gegenüber der Regierung in Berlin spürbar selbstsicherer und fordernder wurde.[12]

Ab Ende Januar 1990 dominierten die Runden Tische zwar das politische Leben in der DDR, wie der Historiker Hermann-Josef Rupieper betonte.[13] Dennoch blieben die realen Möglichkeiten der Kontrolle

---

[11] Vgl. STEPHAN SCHNITZLER: Der Umbruch in der DDR auf kommunalpolitischer Ebene. Eine empirische Studie zum Demokratisierungsprozess von 1989/90 in der Stadt Erfurt. Göttingen 1996, S. 209.

[12] Vgl. ebd., S. 210.

[13] Vgl. HERMANN-JOSEF RUPIEPER: Runde Tische in Sachsen-Anhalt 1989/90. Einige Bemerkungen zur Forschungsproblematik. In: DERS. (HRSG.): Friedliche Revolution 1989/90 in Sachsen-Anhalt. Halle (Saale) 2000, S. 194–207, hier S. 207.

und Einflussnahme auf Entscheidungen der Räte der Kommunen, Kreise und Bezirke für eine Reihe von Mitgliedern, vor allem für die Vertreterinnen und Vertreter der neuen Gruppierungen, geringer als erhofft. Sie konnten die umfangreiche Tätigkeit der Räte nicht umfassend kontrollieren und schon gar nicht das gesamte Alltagsgeschäft aller Institutionen. Nicht wenige Möglichkeiten und Aktionen der alten Machtstrukturen blieben für sie undurchschaubar und wenig beherrschbar.[14] Offenbar gab es nur wenige, an den Tischen getroffene Entscheidungen, deren praktische Umsetzung die Beteiligten bis ins Detail hatten nachvollziehen können. Die hauptsächlichen Ursachen bestanden in dem unüberschaubaren Ausmaß zu lösender Probleme, im Zeitmangel und nicht zuletzt im Defizit an einer ausreichenden Anzahl kompetenter Fachleute in den neuen Gruppierungen, die eine wirksame Kontrolle auch tatsächlich hätten wahrnehmen können. Viele Mitglieder der neuen Gruppierungen waren nach Heino Falcke, Moderator am Runden Tisch des Bezirkes Erfurt, »Laien im politischen Geschäft«[15] und verfügten nicht über das nötige Herrschaftswissen. Eine ganze Reihe von ihnen fühlte sich deshalb, was Sach- und Verwaltungskompetenz anging, den alten Machthabern unterlegen. Aber gemessen an ihren Erfolgen hätten diese Gremien in aller Unvollkommenheit und Laienhaftigkeit auch etwas Exemplarisches besessen, meinte Falcke.[16]

Im Verlaufe des Wahlkampfes favorisierten immer mehr DDR-Bürger und -Bürgerinnen eine möglichst rasche Wiedervereinigung Deutschlands. Sie wandten sich deshalb vor allem den Politikern zu, die schnell und konsequent auf die Einheit hinarbeiteten. Die in dieser Zeit an den Runden Tischen noch agierenden Vertreterinnen und Vertreter leisteten das meist nicht.[17] Damit tat sich die generelle Kluft zwischen der mobilisierten Bevölkerung und der organisierten Opposition, die sich im Herbst 1989 geschlossen hatte, erneut auf, denn, so

---

[14] Vgl. GERLINDE GRAHN (HRSG.): »Wir bleiben hier, gestalten wollen wir.« Der Runde Tisch im Bezirk Potsdam 1989/90 – Forum des gesellschaftlichen Dialogs. Schkeuditz 2006, S. 97.

[15] Interview der Autorin mit HEINO FALCKE, Moderator des Runden Tisches des Bezirkes Erfurt vom 4.3.2009, Transkriptionstext, S. 4.

[16] Vgl. ebd., S. 3.

[17] Vgl. EHRHART NEUBERT: Unsere Revolution. Die Geschichte der Jahre 1989/90. München 2008, S. 338.

der Historiker Klaus-Dietmar Henke, »zu unterschiedlich waren trotz der Übereinstimmung im Demokratisierungsziel inzwischen die Lagebeurteilungen, Interessenlagen und Zukunftsvisionen«[18]. Als der Zentrale Runde Tisch am 12. März 1990 zu seiner letzten Sitzung zusammentrat, hatte er schon längst seine Legitimation durch die Bevölkerung und seine politische Bedeutung verloren. Das zeigte unmissverständlich das Ergebnis der Volkskammerwahl wenige Tage später, aus der die »Allianz für Deutschland«, die auf eine schnelle Vereinigung setzte, als deutlicher Siegerin hervorging.[19]

Die anderen Runden Tische lösten sich ebenfalls nach der Volkskammerwahl am 18. März 1990 bzw. spätestens nach den Kommunalwahlen am 6. Mai 1990 auf. Für den Zentralen Runden Tisch und die Kreis- wie Stadttische war die Beendigung ihrer Tätigkeit durchaus berechtigt, immerhin agierten jetzt demokratisch legitimierte Parlamente, deren Kontrolle durch Runde Tische nicht mehr nötig erschien. Dagegen waren in den Bezirken aufgrund der zu erwartenden Länderbildung keine demokratischen Wahlen durchgeführt worden. Die Runden Tische in den Regionen sollten dennoch aufgelöst werden, noch bevor demokratische Wahlen stattgefunden hatten und grundlegende Personalentscheidungen getroffen werden konnten. Deshalb fühlten sich die meisten Beteiligten an den Tischen der Bezirke – abgesehen von den Wahlsiegern – auch noch weiterhin als Ansprechpartnerinnen und Ansprechpartner für Anliegen von Bürgern sowie Bürgerinnen und zugleich verantwortlich für die Belange in den Regionen. Doch die Mitglieder der Parteien, welche als Sieger aus der Volkskammerwahl hervorgingen, verließen bereits ab März 1990 die Gremien. Außerdem erklärte die Regierung de Maizière, die Arbeit der Runden Tische der Bezirke nicht (mehr) anzuerkennen. Im Frühjahr 1990 verloren die Bezirkstische endgültig an Bedeutung. Bis zu diesem Zeitpunkt waren aber fast alle Runden Tische der Bezirke durchaus noch nicht gewillt, ihre Arbeit einzustellen. Dennoch gaben fast alle ihre Tätigkeit bis Mai 1990 auf, was nicht überall konfliktfrei zuging.

---

[18] Vgl. KLAUS-DIETMAR HENKE: 1989. In: DERS. (HRSG.): Revolution und Vereinigung 1989/90. Als in Deutschland die Realität die Phantasie überholte. München 2009, S. 11–46, hier S. 42.

[19] Vgl. ILKO-SASCHA KOWALCZUK: Endspiel. Die Revolution von 1989 in der DDR. München 2009, S. 498.

Abb. 2: Runder Tisch des Bezirkes Leipzig am 18. Januar 1990 (Foto: Martin Naumann).

Von einem Scheitern der Institution »Runder Tisch« kann dennoch nicht die Rede sein. Zum einen war den meisten Beteiligten von vornherein klar, dass die Gremien in dieser Ausprägung nur zeitweiligen Bestand haben konnten. Zum anderen erwies sich die Tätigkeit an den Tischen für darauffolgende Gremien und ehemalige Mitglieder mitunter als nachhaltig. Einige Beteiligte, die als Abgeordnete in die 1990 gewählten Parlamente vor allem der Kommunen und Länder einzogen, pflegten auch hier zumindest anfänglich einen überparteilich geprägten, verhandelnden Politikstil. Andererseits konnten das Verhältnis der Parteien innerhalb eines neuen Parlaments, aber auch die Beziehungen zwischen Parlament und Verwaltung von einem über parteipolitische Interessen hinausgehenden, verhandelnden Politikstil geprägt sein. Dafür gibt es (mindestens) ein Beispiel: das Leipziger Stadtparlament in den 1990er Jahren. Diese Form der Kommunalpolitik wurde mit der Bezeichnung »Leipziger Modell« zum Begriff.

Außerdem blieben einige zumeist thematische Runde Tische im vereinigten Deutschland erhalten, zahllose neue kamen hinzu. Letztere berufen sich mitunter darauf, dass es sich um eine zweckmäßige Institution handele, die seit dem Transformationsprozess von 1989/90 in der DDR und anderen ostmitteleuropäischen Staaten neue Aktualität gewonnen habe. Sie wiesen und weisen aber durchaus einen anderen Charakter auf, denn sie verstanden bzw. verstehen sich nicht wie die Runden Tische von 1989/90 als Transformationsinstrumente, sondern als Institutionen zivilgesellschaftlichen bzw. bürgerschaftlichen Engagements. Als solche sind sie in eine parlamentarische Demokratie nicht nur integrierbar, sondern für eine bürgernahe und Mitspracherechte gewährende Politik mitunter dringend notwendig.

Der den Runden Tischen anhaftende Mythos, hier sei es ausschließlich friedlich und sachlich zugegangen, entwickelte sich nicht unmittelbar nach der Beendigung ihrer Tätigkeit, sondern erst viele Jahre später. Die in den Revolutionsmonaten empfundene »politische Spiritualität«, die massenhaft erlebte Aufbruchsstimmung und das unglaubliche Gefühl, welches mit der rasanten Entwicklung vieler Menschen zu mündigen Bürgern und Bürgerinnen einherging, konnte in der Folgezeit auch eine gewisse, mitunter nachvollziehbare Verklärung der Tätigkeit an den Runden Tischen nach sich ziehen. Runde Tische, deren Sitzungen nur harmonisch und ohne Emotionen abgelaufen sein sollen, sind allerdings eine Legende. Die Gremien stellten keineswegs Beispiele für herrschaftsfreie Diskurse dar, wie dies in der Rückschau häufig idealisierend dargestellt wird. Auch hier wurden Kämpfe um (spätere) politische Macht ausgetragen. Mangelnde Transparenz und Berechenbarkeit bestimmten die Verhandlungen nicht unwesentlich.[20]

Die Runden Tische waren operative Organe, deren Sinn und Zweck darin bestand, das Alltagsleben weitgehend störungsfrei ablaufen zu lassen. Ihnen wurde vor allem eine Kontrollfunktion zugeschrieben, die auch eine neue Qualität von Öffentlichkeit etablierte.[21] Hinzu kamen teilweise auch gewisse Steuerungs- oder Regierungsfunktionen. Immerhin hatten einige der Runden Tische – analog zum Zentralen Runden Tisch – Vertreter und Vertreterinnen als Ratsmitglieder ohne Geschäftsbereich in die regionalen oder lokalen Exekutiven delegiert. Für manche Beteiligte waren die Gremien aber auch »nur« Gesprächsinstrumente, um die Kluft zwischen Politik und Bevölkerung zu

---

[20] Vgl. HERMANN-JOSEF RUPIEPER: Runde Tische in Sachsen-Anhalt 1989/90 (wie Anm. 13), S. 10.

[21] Vgl. STEPHAN SCHNITZLER: Der Umbruch in der DDR auf kommunalpolitischer Ebene (wie Anm. 11), S. 209.

überbrücken. Nicht zuletzt hatten sie eine Assistenzfunktion für den Transformationsprozess inne und waren Mittel zur Verhinderung von Gewalt, trugen sie doch durch ihre Mittlerfunktion zwischen alten und neuen Kräften, zwischen den Demonstrierenden und den Inhabern staatlicher Macht, zur Berechenbarkeit der Entwicklungen gerade vor Ort bei.[22]

In den ersten Wochen und Monaten ihrer Existenz stellten sie gewissermaßen die politische Autorität in der DDR dar, denn die alte Autorität war zu Teilen weggebrochen und eine neue noch nicht etabliert.[23] Dennoch sprechen manche ehemaligen Akteure und Akteurinnen diesen Runden Tischen im Nachhinein prinzipiell politische Macht oder gar ihre Eigenständigkeit ab. Sie vertreten die Auffassung, Politik sei damals an anderen Stellen gemacht worden.[24] Mitunter verstehen sie die Tische rückblickend sogar »weniger als ein Feigenblatt, sondern mehr als ein Ablenkungsmanöver für die, die im Hintergrund die politischen Strippen gezogen haben«[25]. Diese Position vertrat beispielsweise Franz-Peter Spiza, Moderator am Runden Tisch des Bezirkes Schwerin: So sei ehemaligen politisch Verantwortlichen zwar klar gewesen, dass ihre Zeit vorbei war, aber sie hätten in dieser Zeit noch gerettet, was zu retten gewesen sei.[26] Einige Beteiligte betrachten deshalb die Funktionen und die Arbeit der Runden Tische rückblickend weniger als Beitrag zur Demokratisierung, sondern eher als demokratischen Lernprozess.[27]

Die Runden Tische waren Kontroll- und Beratungsgremien, aber keine Platzhalter für nachfolgende demokratisch legitimierte Institutionen. Sie begleiteten die Tätigkeit der staatlichen Institutionen,

---

[22] Vgl. HERMANN-JOSEF RUPIEPER: Runde Tische in Sachsen-Anhalt 1989/90 (wie Anm. 13), S. 206.
[23] Vgl. Interview der Autorin mit BERND WINKELMANN, Teilnehmer am Runden Tisch des Bezirkes Suhl, vom 26.7.2008, Transkriptionstext S. 14.
[24] Vgl. Interview der Autorin mit KATRIN ROHNSTOCK, Teilnehmerin am Runden Tisch der Stadt Berlin (Ost), vom 20.2.2008, Transkriptionstext, S. 3.
[25] Interview der Autorin mit FRANZ-PETER SPIZA, Moderator am Runden Tisch des Bezirkes Schwerin, vom 28.5.2008, Transkriptionstext, S. 5.
[26] Vgl. ebd.
[27] Vgl. PETER WURSCHI: Akteure an den Runden Tischen der Bezirke 1989/90. Tagung in Dresden am 19. April 2008. In: *Deutschland Archiv* 41 (2008), S. 715–718, hier S. 718.

wickelten sie aber nicht ab. Sie arbeiteten weitgehend eigenständig, verfügten realiter aber nicht über Macht und auch nur über weniger Einfluss als erhofft. Dennoch trugen die konkordanzdemokratisch konzipierten Runden Tische ohne Zweifel dazu bei, die Proteste zu kanalisieren und eine gewaltfreie Institutionalisierung der Demokratie zu gewährleisten. Sie gestalteten den Prozess der Befreiung und Demokratisierung in der DDR mit – allerdings in höchst unterschiedlichem Maße. Ihre Anteile an diesem Prozess hingen maßgeblich von den jeweils gesteckten Zielen, den Herangehensweisen, den konkreten Machtstrukturen und den handelnden Personen vor Ort ab. Es gab, so Uwe Thaysen, offensichtlich viele Wege zur Demokratie und eine »wie auch immer begrenzte Handlungsautonomie der Akteure, die unter jeweils anderen Bedingungen jeweils eigenwillig wahrgenommen wurde«.[28]

Mag die Bewertung der Runden Tische und ihrer Leistungsmöglichkeiten an dieser Stelle eher kritisch ausfallen, so schmälert sie deren prinzipielle Bedeutung für die ostdeutsche Gesellschaft trotzdem nicht. Denn der mit ihnen einhergegangene, vielfältige »Demokratisierungsprozess von unten« bestätigt: Zahlreiche sich an den Runden Tischen engagierende DDR-Bürger und -Bürgerinnen waren nach Jahrzehnten der Diktatur kurzfristig in der Lage, sich eigenständig zu organisieren, Probleme anzusprechen, sachkundig wie sachlich zu diskutieren und gemeinsam nach Lösungsansätzen zu suchen, ohne dass es ihnen – wie jahrzehntelang geschehen – von einer zentralen Stelle offeriert oder gar vorgeschrieben wurde. Tausende DDR-Bürger und -Bürgerinnen brachten sich an den Runden Tischen ein – Politik war Bürgersache geworden! Das ist nicht zuletzt Ausdruck einer bisher viel zu wenig beachteten und gewürdigten, eigenständigen DDR-Demokratisierung. Selbstdemokratisierung oder »Demokratisierung von unten« durch Runde Tische fand allerdings nur in der DDR statt; in den anderen ostmitteleuropäischen Staaten gab es neben den zentralen Gremien nicht auch noch Hunderte lokaler, regionaler und thematischer Tische.

---

[28] Vgl. UWE THAYSEN: Wege des politischen Umbruchs in der DDR. Der Berliner und der Dresdner Pfad der Demokratiefindung. In: KARL ECKART/MANFRED WILKE (HRSG.): Berlin. Berlin, S. 69–90, hier S. 89.

Die Tische waren weder Institutionen einer repräsentativen noch – wie häufig deklariert – einer direkten Demokratie, sie arbeiteten jedoch mit basisdemokratischen Elementen. Die allerwenigsten Beteiligten verstanden sie damals als Institutionen zivilgesellschaftlicher Aktivitäten. Seit mehreren Jahren steht jedoch nicht nur für Wissenschaftlerinnen und Wissenschaftler und ehemalige Beteiligte wie beispielsweise Ulrike Poppe fest, dass 1989/90 auf ostdeutschem Boden fast ein halbes Jahr zivilgesellschaftliche Selbststeuerung u. a. durch Runde Tische praktiziert wurde.

Wer das zivilgesellschaftliche Engagement ostdeutscher Bürger und Bürgerinnen heutzutage und rückblickend pauschalisierend bewertet bzw. bemängelt, sollte einmal mehr an die Einsatzbereitschaft von Tausenden an den Runden Tischen von 1989/90 erinnert werden. Deren Demokratisierungsleistungen gilt es endlich öffentlich anzuerkennen und zu würdigen. Darüber hinaus sollte die Frage diskutiert werden, aus welchen Gründen sich viele Ostdeutsche seit den 1990er Jahren einer politischen Partizipation (wieder) verweigern. Das hat mit Sicherheit auch mit der öffentlichen (Nicht-)Anerkennung ihrer Lebensleistungen zu tun, sowohl in den Jahren 1989/90 als auch und vor allem in den schwerwiegenden 1990er Jahren, in denen die großen existenziellen Ängste und Sorgen von Millionen Ostdeutschen überaus berechtigt waren. Zum einen ist dem Soziologen Steffen Mau zuzustimmen, der meint, man solle gegenwärtig vermehrt auf Runde Tische zurückgreifen, damit Ostdeutsche ihre gegenwärtigen Probleme und deren Lösungsmöglichkeiten konstruktiv diskutieren und gleichzeitig wieder Erfahrungen mit der politischen Selbstwirksamkeit machen können.[29] Zum anderen schließt der Wunsch nach Anerkennung auch Selbstanerkennung ein oder setzt sie gar voraus, so Ilko-Sascha Kowalczuk in seinem Buch *Die Übernahme*.[30] Dass Ostdeutsche ihre Lebensleistungen selbst erkennen, anerkennen und dazu stehen, wäre wünschenswert – nicht nur in Hinblick auf ihre Beteiligung an den Runden Tischen.

---

[29] Vgl. Im Land der kleinen Leute. Interview mit Steffen Mau. In: *Der Spiegel* vom 3.10.2019; vgl. STEFFEN MAU: Lütten Klein. Leben in der ostdeutschen Transformationsgesellschaft. Berlin 2019.

[30] Vgl. ILKO-SASCHA KOWALCZUK: Die Übernahme. Wie Ostdeutschland Teil der Bundesrepublik wurde. München 2019, S. 271.

Bettina Tüffers

Die 10. Volkskammer der DDR.
Ein Parlament im Umbruch

Im Jahr 2010 wurde dem ehemaligen Volkskammer-Abgeordneten der CDU Michael Luther in einem Interview die Frage gestellt: »Was ist Ihnen an Ihrer Zeit in der Volkskammer besonders in Erinnerung geblieben?«[1] Aus Luthers Antwort sprach auch 20 Jahre danach noch offensichtliche Begeisterung:

> »*Zum einen waren wir ein vom Freiheitswillen der Herbstrevolution geprägtes Parlament. Zum anderen gab es keine Geschäftsordnung, die die Parlamentsarbeit regelte, wie sie der Bundestag kennt. Das heißt, es gab weder vereinbarte Debattenzeiten noch Rednerlisten. Jeder konnte sich melden, wann immer er wollte. Das führte dazu, dass die Debatten immer bis spät in die Nacht dauerten. Jede, auch jede offene Abstimmung wurde ausgezählt.*«[2]

Luther ist beileibe nicht der einzige gewesen, der bei seinen Erinnerungen an diese Zeit regelrecht ins Schwärmen geriet, man könnte hier eine ganze Reihe ähnlicher Zitate anfügen. Ob all das, was er aufzählt, wirklich so stimmt, ist eine andere Frage. Sicher ist: Die 10. Volkskammer der DDR war ein ungewöhnliches Parlament. Sie existierte nur knappe sechs Monate, vom Tag ihrer Konstituierung, dem 5. April 1990, bis zum 2. Oktober 1990, und verabschiedete in dieser Zeit während insgesamt 38 Plenarsitzungen mehr als 150 Gesetze und 100 Beschlüsse. Darunter waren so zentrale wie der Vertrag zur Schaffung einer Währungs-, Wirtschafts- und Sozialunion, der Einigungsvertrag, das Gesetz zur Einführung der fünf Länder, das

---

[1] Zitiert nach BETTINA TÜFFERS: Die 10. Volkskammer der DDR. Ein Parlament im Umbruch. Selbstwahrnehmung, Selbstparlamentarisierung, Selbstauflösung. Düsseldorf 2016, S. 9. Der folgende Beitrag basiert auf diesem Buch.
[2] Ebd.

Treuhandgesetz oder das Stasiunterlagengesetz, aber auch Gesetze über die Krankenhausfinanzierung, zum frei finanzierten Wohnungsbau oder zur Einsetzung einer Handwerksordnung, um nur einige wenige herauszugreifen. Die Hauptaufgabe dieser ersten und gleichzeitig letzten frei gewählten demokratischen Volksvertretung der DDR bestand darin, den rechtlich wie wirtschaftspolitisch hochkomplexen deutschen Vereinigungsprozess für die ostdeutsche Seite zu organisieren und dabei sich selbst und den Staat, deren Bürgerinnen und Bürger sie repräsentierte, abzuwickeln. Sie war nie etwas anderes als ein Übergangsparlament. Und ihre 400 Abgeordneten verfügten über so gut wie keine Erfahrungen mit der Funktionsweise des parlamentarischen Systems und seinen Arbeitsabläufen.

Die folgenden Seiten wollen einen knappen Überblick über ihre Arbeit geben und der Frage nachgehen, was genau dieses Parlament auszeichnete.

Am 5. April 1990 morgens um 11 Uhr begann die letzte Legislaturperiode eines Parlaments, das bis wenige Monate zuvor diesen Namen eigentlich gar nicht verdient hatte. Die »alte« Volkskammer der DDR war von der 1. Wahlperiode im Jahr 1950 an bis zur Wahl vom 18. März 1990 ein Paradebeispiel für eine sogenannte »sozialistische Vertretungskörperschaft« und damit per Definition grundsätzlich anders als das, was man in der DDR »bürgerliche Parlamente« nannte.[3] Das hieß vor allem: Es gab keine Berufsparlamentarierinnen und -parlamentarier. Die Abgeordneten trafen sich zwei- bis höchstens dreimal pro Jahr in Ost-Berlin zu einer Tagung, die nicht viel länger als ein, zwei Tage dauerte, und kehrten dann wieder an ihre Wohn- und Arbeitsorte zurück. In der Regel von ihren Arbeitskollektiven für die Kandidatur vorgeschlagen, waren sie rein ehrenamtlich tätig. Nur so war angeblich ein enger Kontakt zur werktätigen Bevölkerung garantiert. Genauso wenig gab es in der DDR Gewaltenteilung. Stattdessen verwirklichte die Volkskammer »als arbeitende Körperschaft« – so die

---

[3] Vgl. u. a. WERNER J. PATZELT/ROLAND SCHIRMER (HRSG.): Die Volkskammer der DDR. Sozialistischer Parlamentarismus in Theorie und Praxis. Wiesbaden 2002; PETER JOACHIM LAPP: Die Volkskammer der DDR. Opladen 1975.

offizielle Darstellung – »den Grundsatz der Einheit von Beschlussfassung und Durchführung«.[4]

Laut Verfassung der DDR war sie das oberste staatliche Machtorgan. Wahlen zur Volkskammer verzeichneten bis in die 1980er Jahre hinein regelmäßig traumhafte Beteiligungen von über 98 Prozent mit ebenso traumhaften Ergebnissen kurz vor der 100-Prozent-Marke für die Einheitsliste der insgesamt zehn in der »Nationalen Front« zusammengefassten Parteien und Massenorganisationen der DDR. Durch die Anwesenheit der Blockparteien Christlich Demokratische Union (CDU), Liberal-Demokratische Partei Deutschlands (LDPD), National-Demokratische Partei Deutschlands (NDPD) und Demokratische Bauernpartei Deutschlands (DBD) sowie der Massenorganisationen Freie Deutsche Jugend (FDJ) oder Freier Deutscher Gewerkschaftsbund (FDGB) im Parlament wurde Pluralismus formal zwar vorgegaukelt.[5] De facto aber herrschte Gleichschaltung unter der Ägide der Sozialistischen Einheitspartei Deutschlands (SED). Die Volkskammer fungierte lediglich als »Transmissionsriemen« ihrer Politik. Die Sitzverteilung stand ohnehin vor jeder »Wahl« fest. Dass diese Wahlen keine waren, wussten alle, nicht ohne Grund nannte der Volksmund sie »Zettelfalten«. Man faltete ostentativ vor aller Augen seinen Stimmzettel und steckte ihn, ohne Umschlag, in die Urne. Schon wer die Wahlkabine nutzte, – vom Streichen nicht gewollter Kandidaten auf dem Stimmzettel ganz zu schweigen –, machte sich verdächtig.[6]

Ohne auf die Details des revolutionären Geschehens im Herbst 1989[7] detaillierter einzugehen: Wie die Volkskammer auf das reagierte, was sich in diesen Wochen auf den Straßen abspielte, ist aufschlussreich. Denn anfangs reagierte sie überhaupt nicht, bis lange in den Herbst hinein blieb sie eine loyale Stütze des Systems und tat so, als

---

[4] Verfassung der Deutschen Demokratischen Republik vom 6. April 1968 in der Fassung vom 7. Oktober 1974, Art. 48 Abs. 2.

[5] SIEGFRIED SUCKUT: Blockparteien und Blockpolitik in der SBZ/DDR 1945–1990. Leipzig 2018.

[6] Vgl. dazu HANS MICHAEL KLOTH: Vom »Zettelfalten« zum freien Wählen. Die Demokratisierung der DDR 1989/90 und die »Wahlfrage«. Berlin 2000.

[7] Vgl. u. a. ILKO-SASCHA KOWALCZUK: Endspiel. Die Revolution von 1989 in der DDR. München ³2015.

ginge sie das alles nichts an.[8] Ein erstes Lebenszeichen kam spät, noch die Sitzung vom 24. Oktober, in der Egon Krenz in offener Abstimmung als Staatsratsvorsitzender zum Nachfolger des kurz zuvor abgesetzten Erich Honecker gewählt wurde, verlief nach dem altbekannten Muster, auch wenn es bei dieser Abstimmung erstmals Gegenstimmen und Enthaltungen gab. Erst langsam erwachte das Parlament aus seiner Passivität und Starre und versuchte dann eiligst, zumindest mit der Entwicklung Schritt zu halten und Boden gutzumachen. Auf einmal wurden die Abgeordneten initiativ und forderten selbst häufigere Sitzungen, Information und Diskussionen ein. Vom 13. November an kann man den Beginn eines Demokratisierungsprozesses beobachten, doch er war allenfalls bescheiden.

Abb. 1: Der Palast der Republik in Ost-Berlin, Sitz der Volkskammer, am 4.11.1989. Ein Demonstrant beklebt die Wand mit einer auf Tapete geschriebenen Losung (Foto: Ralf Hirschberger).

---

[8] Vgl. UWE KRANENPOHL: Als die Volkskammer (fast) zum Parlament wurde ... »Sozialistischer Parlamentarismus in der DDR« 1989/90. In: *Zeitschrift für Parlamentsfragen* (ZParl) 41 (2010), S. 121–145; PETER JOACHIM LAPP: Anspruch und Alltag der Volkskammer vor dem Umbruch 1989/90. In: *Zeitschrift für Parlamentsfragen* 21 (1990), S. 115–125.

Ebenfalls aufschlussreich ist die Reaktion der Abgeordneten auf die Existenz des Zentralen Runden Tisches. An ihm verhandelten zwischen Dezember 1989 und März 1990 Mitglieder der DDR-Oppositions- und Bürgerrechtsgruppen mit den Repräsentanten des alten Systems. Aus Sicht der Volkskammer entwickelte er sich zu einer bedrohlichen Konkurrenzinstitution, weil er schnell zum Zentrum politischer Diskussion und Entscheidungsfindung wurde und in den Augen vieler eine größere, vor allem moralische, Legitimation besaß, obgleich auch seine Mitglieder nicht gewählt waren.[9] In Interviews gestanden die Abgeordneten dem Runden Tisch zwar zu, die Probleme des Landes zu diskutieren, Entscheidungen sollte aber allein die Volkskammer fällen dürfen.[10] Doch ihren rasanten Autoritätsverlust konnten sie damit nicht aufhalten, reihenweise traten Abgeordnete in diesen letzten Monaten von ihren Mandaten zurück.

Die Leistungen dieser letzten Monate der 9. Volkskammer sind daher darin zu sehen, dass sie ein Reise-, ein Staatsbürgerschafts- und vor allem das Wahlgesetz verabschiedete, das am 18. März 1990 die Durchführung der ersten freien, demokratischen und geheimen Volkskammerwahl ermöglichte. Eingeteilt in 15 Ein-Stimmen-Wahlkreise, die den Bezirken der DDR entsprachen, wurden an diesem Tag mit einem reinen Verhältniswahlrecht ohne Sperrklausel 400 Abgeordnete bestimmt. Extremistische Parteien waren von der Wahl ausgeschlossen. Die Volkskammer hatte im Februar überdies die Aktivitäten der rechtsextremen »Die Republikaner« in der DDR verboten, die 1989 in der Bundesrepublik schon bei zwei Landtagswahlen erfolgreich gewesen und dort außerdem in einige Kommunalvertretungen eingezogen waren.

Ursprünglich hatte die Volkskammerwahl am 6. Mai stattfinden sollen. Aber wegen zunehmender politischer Destabilisierung und der sich rasant verschlechternden wirtschaftlichen Lage im Land wurde sie kurzfristig auf den 18. März vorgezogen. Das stellte die teilnehmenden Parteien vor große Probleme: Weil das Wahlgesetz erst am

---

[9] Zum Zentralen Runden Tisch vgl. UWE THAYSEN: Der Runde Tisch. Oder: Wo blieb das Volk? Der Weg der DDR in die Demokratie. Opladen 1990; FRANCESCA WEIL: Die Runden Tische in der DDR 1989/1990. Erfurt 2014, sowie ihren Beitrag in diesem Band.

[10] Vgl. BETTINA TÜFFERS: Die 10. Volkskammer der DDR (wie Anm. 1), S. 47.

20. Februar verabschiedet wurde, blieb so gut wie keine Zeit mehr für einen Wahlkampf, der aber nötig gewesen wäre, um sich, die eigenen Kandidatinnen und Kandidaten sowie die Programme im Land überhaupt bekannt zu machen. Stattdessen war der Wahlkampf stark von westdeutscher Politprominenz dominiert, obwohl der Zentrale Runde Tisch – gegen die Stimmen von SPD, CDU, DA (Demokratischer Aufbruch) und LDPD, die sich davon Vorteile für ihr Abschneiden bei der Wahl versprachen – derartige Redner-Auftritte abgelehnt hatte, um die Chancengleichheit der teilnehmenden Parteien und Gruppierungen zu garantieren.

Schon die Aufstellung der Listen mit den Wahlvorschlägen, die bis zum 28. Februar abgeschlossen sein musste, war für einige der Beteiligten unter diesen Umständen kaum zu bewältigen. Selbst die SED-Nachfolgerin PDS und die ehemaligen Blockparteien, die im Gegensatz zu den im Herbst und Winter 1989/90 neu gegründeten Parteien SPD, DSU (Deutsche Soziale Union), DA oder Bündnis 90/Grüne wegen ihrer nicht unerheblichen personellen wie materiellen Ressourcen über einen Startvorteil verfügten, hatten große Schwierigkeiten, in dieser kurzen Zeit geeignete Kandidaten und Kandidatinnen zu finden und ihre Vorbereitungen abzuschließen. Viele, die sich aufstellen ließen, berichteten später davon, sie seien in diese Sache einfach so »hineingeraten«. Ohne genau zu wissen, was auf sie zukommen würde, sagten sie zu. Viele bekannten im Nachhinein allerdings auch, dass sie, hätten sie es gewusst, auf eine Kandidatur verzichtet hätten.[11]

Der Wahlausgang am Abend des 18. März sorgte für große Überraschung: Entgegen allen Prognosen gewann die Allianz für Deutschland, das konservative Bündnis aus CDU, DA und DSU, mit 48 Prozent weit vor der SPD, die noch nicht einmal auf die Hälfte – nämlich 21,9 Prozent – kam, und vor der PDS mit 16,4 Prozent. Weit abgeschlagen waren die Liberalen mit 5,3 und Bündnis 90/Grüne mit 4 Prozent. Komplettiert wurde das Bild noch durch die Abgeordneten von Demokratischer Bauernpartei Deutschlands und Demokratischem Frauenbund Deutschlands (kurz DBD/DFD) mit 2,5 Prozent und einen einzelnen Abgeordneten der Vereinigten Linken. Vor allem für die

---

[11] Vgl. ebd., S. 153 ff.

ehemaligen Bürgerrechtsgruppen und Mitglieder der Oppositionsbewegung in der DDR war das Ergebnis eine riesige Enttäuschung, gehörten sie doch zu den großen Verlierern.

CDU, DA, DSU, die Liberalen und die Sozialdemokraten schlossen sich am 12. April zu einer großen Koalition zusammen, die in der Volkskammer eine erdrückende Mehrheit von 303 zu 97 Stimmen besaß. Die Kräfteverhältnisse sollten sich im Sommer allerdings verschieben, als im Juli zuerst die Liberalen und im August dann die Sozialdemokraten die Koalition verließen: Einen knappen Monat vor dem Ende der Volkskammer hatten die Regierungsparteien CDU und DSU noch 196 Abgeordnete hinter sich, während die Oppositionsfraktionen auf 204 Mandate kamen.

Dieses Parlament der Neulinge, unter denen nur 19,8 Prozent Frauen waren, war mit einem Durchschnittsalter von 44,8 Jahren vergleichsweise jung.[12] 86 Prozent der Abgeordneten hatten eine akademische Ausbildung, am stärksten waren die Berufsgruppen der Ingenieure, Pädagogen, Ärzte und Naturwissenschaftler vertreten.[13] Die Volkskammer hatte aber auch mehrere Pfarrer und Theologen in ihren Reihen, die meisten in der SPD-Fraktion. 64 Prozent der Abgeordneten gaben an, einer Konfession anzugehören, darunter waren die Protestanten weit in der Überzahl – und das in einem Land, in dem 1990 »rund 70 Prozent aller Einwohner ohne kirchliche Bindung« lebten.[14] Mit diesen Eigenschaften war die 10. Volkskammer also alles andere als ein Spiegelbild der damaligen DDR-Gesellschaft, auch wenn viele der Akteure selbst den genau entgegengesetzten Eindruck hatten und die 10. Volkskammer für repräsentativer als andere Parlamente und sich selbst für authentischer als westdeutsche Politprofis hielten.[15]

---

[12] Zahlen nach CHRISTOPHER HAUSMANN: Die 10. Volkskammer der DDR: Elitenpool der ersten Stunde. In: *Zeitschrift für Parlamentsfragen* 31 (2000), S. 527–541. Geringfügig abweichende Zahlen bei: PETER SCHINDLER: Datenhandbuch zur Geschichte des Deutschen Bundestages 1949 bis 1999, Bd. 3. Baden-Baden 1999, S. 3891–3895.

[13] CHRISTOPHER HAUSMANN: Die 10. Volkskammer der DDR (wie Anm. 12), S. 534.

[14] Ebd., S. 533.

[15] Vgl. BETTINA TÜFFERS: Die 10. Volkskammer der DDR (wie Anm. 1), S. 66.

Was ihre politischen Vorerfahrungen betrifft, gab es deutliche Unterschiede zwischen den Abgeordneten. Selbst wenn niemand über genuin parlamentarische Erfahrung verfügte – auch die elf ehemaligen Mitglieder der 9. Volkskammer, denen ein Wiedereinzug in die 10. Volkskammer gelungen war, wussten ja nicht, wie ein westliches Parlament funktioniert – bestand beispielsweise die CDU/DA-Fraktion mit einem Anteil von 92 Prozent »fast ausschließlich aus älteren Parteimitgliedern«.[16] Und darunter gab es noch einmal eine ganze Reihe, die in Kreis- oder Bezirkstagen, an der Spitze einer Gemeinde oder auch als Parteifunktionäre tätig gewesen waren. Generell kamen bei den ehemaligen Blockparteien, aber auch bei der PDS, Funktionäre aus der zweiten und dritten Reihe zum Zug, nachdem die Spitzenfunktionäre ihre Posten hatten räumen müssen. Ganz anders hingegen sah es bei den im Herbst und Winter 1989/90 neu gegründeten Parteien aus. In deren Fraktionen »fanden sich nahezu ausschließlich politische Neulinge, die in den Wendetagen rekrutiert worden waren.«[17]

Lernprozesse eines Parlaments

Doch zurück zum Anfang. Die Aufgabe, die vor den Abgeordneten lag, war gigantisch: Mit dem Wahlsieg der Konservativen war klar, dass ein Großteil der Bürger und Bürgerinnen der DDR eine möglichst schnelle Vereinigung mit der Bundesrepublik und Anpassung an die dort herrschenden Lebensverhältnisse wünschte. In Bezug auf die Volkskammer bedeutete Anpassung vor allem Rechtsangleichung auf allen denkbaren Gebieten. Anfangs ging man noch davon aus, dafür eine volle Wahlperiode Zeit zu haben. Wenn auch die einen für den Einigungsprozess mehr Zeit veranschlagten als die anderen, rechnete niemand mit der dann doch extrem kurzen Lebensdauer dieses Parlaments von lediglich sechs Monaten.

Doch nicht nur, dass die frisch gewählten Abgeordneten nur sehr ungenaue Vorstellungen von dem hatten, was sie dort tun sollten und

---

[16] CHRISTOPHER HAUSMANN: Die 10. Volkskammer der DDR (wie Anm. 12), S. 532.
[17] Ebd., S. 532.

wie sie es tun sollten. Erschwerend kamen weitere Faktoren hinzu – einer war, dass sie einander nicht kannten. Und damit ist nicht nur gemeint, dass beispielsweise die Mitglieder der SPD-Fraktion nicht wussten, wer die Kolleginnen und Kollegen von der CDU, der PDS oder den Liberalen waren. Auch innerhalb der einzelnen Fraktionen wusste anfangs kaum jemand, wen er da vor oder neben sich hatte.

Zentrale Funktionen, egal ob Vorsitz oder Geschäftsführung in den Fraktionen, in Ausschüssen und Arbeitskreisen oder im Präsidium, mussten deshalb vergeben werden, ohne dass man genau einschätzen konnte, ob der Kandidat oder die Kandidatin der Aufgabe überhaupt gewachsen war. Dasselbe galt für die Auswahl derjenigen, die für die Fraktionen im Plenum reden sollten. Solange man mangels Erfahrung und Informationen die Stärken und Schwächen der Einzelnen nicht einschätzen konnte, war man auf Vermutungen und einen gehörigen Vertrauensvorschuss angewiesen. Und manchmal lag man damit auch gehörig falsch.

Diese Ungewissheit, mit wem man es jeweils zu tun hatte, war insbesondere deshalb problematisch, weil sie eine DDR-spezifische Komponente hatte: das Problem Staatssicherheit. Da sich in den Wochen vor der Wahl ernstzunehmende Hinweise auf Stasimitarbeiter unter den Nominierten häuften, hatte bereits der Runde Tisch in seiner letzten Sitzung im März die Überprüfung aller Abgeordneten gefordert.[18] Um Glaubwürdigkeit und Legitimität der neuen Regierung nicht zu beschädigen, musste in dieser Beziehung völlige Klarheit herrschen. Im Falle zweier prominenter Akteure blieb es denn auch nicht bei Gerüchten: Nur Tage vor der Wahl trat der Spitzenkandidat des DA, Wolfgang Schnur, zurück, weil er als Stasi-Spitzel enttarnt worden war. Die Enttarnung des SPD-Spitzenkandidaten Ibrahim Böhme folgte wenig später. Während jedoch Schnur gar nicht erst zur Wahl antrat, gab Böhme zwar den Parteivorsitz der Ost-SPD auf, sein Mandat behielt er aber noch bis August.

Zwar einigten sich die Volkskammerfraktionen noch vor der konstituierenden Sitzung auf einen Sonderausschuss, der die Abgeordneten

---

[18] Zentraler Runder Tisch, Sitzung am 12.3.1990. In: Bundesarchiv DA 3/16. Vgl. Allgemein: DORIT PRIES: Stasi-Mitarbeiter in deutschen Parlamenten? Die Überprüfung der Abgeordneten auf eine Zusammenarbeit mit dem Staatssicherheitsdienst der ehemaligen DDR. Berlin 2008.

auf eine mögliche Kooperation mit dem MfS untersuchen sollte. Die Hoffnung, auf diese Weise schnell Gewissheit zu bekommen, erfüllte sich allerdings nicht, denn der Ausschuss brauchte bis zum September, um seinen Bericht vorzulegen. Doch die Zeit drängte: Für die im Oktober bevorstehenden Landtagswahlen wie auch für die Delegation von Abgeordneten in den Deutschen Bundestag und das Europaparlament musste sichergestellt sein, dass sich unter den Kandidaten und Kandidatinnen niemand mit Stasivergangenheit befand. Aus dem Ausschussbericht ging hervor, dass bei 66 Abgeordneten eine nähere Überprüfung nötig geworden war, 15 von ihnen wurde aufgrund der Beweislage ein Mandatsverzicht nahegelegt. Allerdings war der Volkskammer zu diesem Zeitpunkt die Kontrolle über das Geschehen bereits entglitten, in der Presse kursierten längst Namen, die eigentlich nicht öffentlich genannt werden sollten.[19]

Vielen Abgeordneten war erst in Ost-Berlin wirklich klar geworden, dass gewählt zu sein bedeutete, den eigenen Beruf aufzugeben und zumindest für eine gewisse Zeit – von der niemand sagen konnte, wie lange sie dauern würde – diese Aufgabe hauptamtlich auszuüben. Hatte sich die alte Volkskammer mit zwei, drei Tagungen im Jahr begnügt, stieg die Tagungsfrequenz nun rasant an. Im Schnitt gab es jede Woche eine Plenarsitzung, dazu kamen die üblichen Fraktions-, Arbeitskreis- und Ausschusssitzungen, einige Sondersitzungen, gerne auch an Sonntagen, zum Teil tagte man mehrere Tage hintereinander oder manchmal bis tief in die Nacht. Auch wenn viele Abgeordnete anfangs davon ausgegangen waren, zumindest für einige Stunden in der Woche weiter ihrer normalen Arbeit nachgehen zu können, und darin noch das alte DDR-Ideal des ehrenamtlichen Abgeordneten durchschimmert, wurden sie schon in den ersten Tagen ihres Parlamentarierdaseins eines Besseren belehrt: Aus ihnen waren gleichsam über Nacht Berufspolitikerinnen und Berufspolitiker geworden – zumindest, was den Arbeitsaufwand angeht. Denn die neue Tätigkeit ließ keine Nebenbeschäftigung mehr zu. Das hieß aber

---

[19] »15 Namen kein Geheimnis mehr«. In: *Neue Zürcher Zeitung* vom 29. September 1990; »Hinter den Türen der Volkskammer« und »Stasi-Liste in der Volkskammer«. In: *taz, die tageszeitung* vom 1. Oktober 1990.

auch, dass die Abgeordneten, weil ihnen ihre normale Einkommensquelle verloren gegangen war, für ihre Arbeit bezahlt werden mussten. Wie in anderen Parlamenten auch bestimmten die Volkskammerabgeordneten selbst über die Höhe ihrer Diäten. Doch damit taten sie sich schwer, die zur Debatte stehenden Beträge schienen vielen von ihnen unangemessen hoch: Während die alte Volkskammer lediglich eine Aufwandsentschädigung in Höhe von 500 Mark gewährt hatte, ging es nun um 3.600 Mark plus einer Kostenpauschale von 2.300 Mark. Auch wenn davon das Wahlkreisbüro, Büromaterial, Fahrtkosten und der Mehraufwand für die Verpflegung finanziert werden musste: Die Scheu, darüber im Plenum zu debattieren und die Sache damit öffentlich zu machen, war groß. Viele spendeten Teile ihrer Einkünfte. Das änderte allerdings nichts daran, dass die Diäten ein zentraler Punkt der Kritik an der Volkskammer blieben.

Mit dem März 1990 musste für die von außerhalb kommenden Abgeordneten dauerhaft eine Unterkunft gefunden werden, in der sie nicht nur schlafen und essen, sondern nach Möglichkeit auch arbeiten konnten. Übernachtungsmöglichkeiten in großer Zahl waren zu dieser Zeit in der Hauptstadt der DDR jedoch rar. Untergebracht wurden die meisten schließlich ausgerechnet in einem ehemaligen »Ledigenheim« für Stasioffiziere in der Ruschestraße in Berlin-Lichtenberg im äußersten Osten der Stadt. Das Haus musste dafür erst notdürftig renoviert werden, war nicht rechtzeitig fertig und bot außerdem zu wenig Platz, weshalb manche Abgeordnete sich Zimmer teilen mussten. Und nicht immer gehörten diese Abgeordneten derselben Fraktion an. Das Ganze bekam dadurch ein wenig die Anmutung eines Jugendherbergsaufenthalts. Dazu passte, dass man sich beispielsweise abends zum gemeinsamen Singen zur Gitarre traf.[20] Allerdings trug dieses fraktionsübergreifende Zusammengepferchtsein sicherlich dazu bei, einander besser kennenzulernen und anfangs vorhandenes Misstrauen abzubauen. Zu den gemeinschaftsbildenden Aktivitäten gehörte neben Fahrgemeinschaften in die Heimatorte im Übrigen auch das Training in der Fußballmannschaft der Volkskammer, die im September unter dem Motto »Miteinander –

---

[20] Vgl. BETTINA TÜFFERS: Die 10. Volkskammer der DDR (wie Anm. 1), S. 166.

Füreinander – Nie wieder gegeneinander« zu einem deutsch-deutschen Parlamentarierduell gegen den Deutschen Bundestag antrat.[21]

Nicht nur die Unterbringung, auch die Arbeitsbedingungen waren alles andere als optimal. Die einem normalen Parlamentsbetrieb entsprechende Infrastruktur fehlte beinahe völlig. Es gab kaum Arbeits- und Versammlungsräume, keine ausreichende Ausstattung mit Büromaterial, schlechte bis kaum vorhandene Telekommunikation, selbst der Transport vom und zum Parlament war problematisch. Die auf die alten Verhältnisse eingerichtete Verwaltung der Volkskammer war dem gestiegenen Arbeitspensum kaum gewachsen.

Der Tagungsort, bis zur 36. Sitzung der Palast der Republik, in der Mitte Berlins anstelle des ehemaligen Stadtschlosses der Hohenzollern errichtet, war in den 1970er Jahren als »sozialistischer Kulturpalast« konzipiert worden.[22] Das heißt, es war ein Mehrzweckbau, den sich die Volkskammer unter anderem mit mehreren Restaurants, Theatern, einem Postamt und einer Bowlingbahn teilen musste. Sie war dort also nur eine Nutzerin unter vielen und ihr blieb nichts anderes übrig, als sich zum Arbeiten andere Räume zu suchen. Deshalb bezogen die Fraktionen Quartier in dem zum »Haus der Parlamentarier« umgetauften ehemaligen Gebäude des Zentralkomitees der SED am Werderschen Markt. Für die letzten beiden Sitzungen musste auch das Plenum dorthin ausweichen, weil der Palast der Republik von einem auf den anderen Tag wegen Asbestbelastung geschlossen wurde. Nicht wenige Abgeordnete fanden den Umzug ausgerechnet an diesen Ort als ausgesprochen demütigend. Abgesehen davon war der Lenin-Saal, in dem man nun tagte, ein reiner Konferenzraum und für den Parlamentsbetrieb denkbar ungeeignet. Es gab keine räumliche Trennung zwischen den Fraktionen, die Abgeordneten saßen dicht an dicht, was zum Beispiel die Ermittlung von Abstimmungsergebnissen zu einer äußerst komplizierten Angelegenheit werden ließ. Und Besucher wie Journalisten mussten gedrängt an den Längswänden des Saales stehen, weil es für sie keine separate Tribüne mehr gab.

---

[21] Ebd., S. 167.
[22] Vgl. CHRISTINE MEYER: Kulturpaläste und Stadthallen der DDR. Anspruch und Realität einer Bauaufgabe. Hamburg 2005.

Bei all dem Chaos und den Widrigkeiten boten die »großen Geschwister« aus dem Westen, also die bundesdeutschen Schwesterparteien, Hilfe und Orientierung – sofern es Schwesterparteien gab, denn die PDS zum Beispiel hatte kein westdeutsches Pendant. Ohne diese materielle wie immaterielle Hilfe (das umfasste technisches Gerät wie Kopierer, Faxgeräte etc. oder schlicht Geld, Informationen, Schulung oder Beratung) wäre die Arbeit vermutlich kaum zu leisten gewesen. Die SPD beispielsweise, bei der die Hilfestellung wohl am besten geplant und am umfangreichsten war, verfügte bereits seit Januar 1990 über ein Kontaktbüro in Ost-Berlin, veranstaltete Schulungsmaßnahmen und Informationsvorträge, außerdem lieferte sie juristische Unterstützung. Auch die CDU oder die Grünen unterhielten solche, personell zum Teil sehr gut ausgestattete, Anlaufstellen. Bonner Kolleginnen und Kollegen aus den Fraktionen waren ohnehin in größeren Abständen zu Besuch, es gab Treffen zum gegenseitigen Kennenlernen und gemeinsame Fraktionssitzungen. Der Bundestag leistete ebenfalls Hilfe: mit Informationen für die Verwaltung, Sachmitteln oder der Beratung in Sicherheitsfragen. Die Unterstützung wurde gerne angenommen, zuweilen wirklich ersehnt – die CDU-Fraktion z. B. bat im Mai händeringend um juristische Experten, während die FDP sich Berater für eine ganze Reihe von Themenfeldern wünschte.[23] Allerdings kann man die Hilfe größerer Geschwister hin und wieder auch als Bevormundung empfinden und sicher war hier die Grenze manchmal fließend.

In Anbetracht der Umstände kann es nicht verwundern, dass vieles schiefging. Vor einer großen Öffentlichkeit zu reden, waren die wenigsten gewohnt. Wie man eine Parlamentssitzung mit Hilfe der Geschäftsordnung leitet, wusste eigentlich nur der Stellvertretende Parlamentspräsident Reinhard Höppner (SPD), der das zwar vor allem seiner Erfahrung als Präses der Evangelischen Kirchensynode verdankte, aber davon abgesehen wohl einfach ein Talent für diese Aufgabe hatte. Nicht nur, dass er die Geschäftsordnung, zuerst die vorläufige, später im Juni dann die endgültige, wirklich kannte – hier hat also dem anfangs zitierten Michael Luther sein Gedächtnis einen Streich gespielt –, Höppner war vor allem in der Lage, Situationen und

---

[23] Vgl. BETTINA TÜFFERS: Die 10. Volkskammer der DDR (wie Anm. 1), S. 221 ff.

die sich aus ihnen ergebenden Konsequenzen zu antizipieren, in Alternativen zu denken und Lösungswege aufzuzeigen. Alle anderen Präsidiumsmitglieder, sowohl die Präsidentin Sabine Bergmann-Pohl als auch ihre sechs Stellvertreter, konnten das nicht und gerieten in unübersichtlichen Situationen, von denen es nicht wenige gab, dementsprechend oft ins Schwimmen. Auch alle anderen parlamentarischen Verfahren mussten erst eingeübt werden, ob es der Ablauf einer Aktuellen Stunde, das korrekte Verfassen und Einbringen eines Antrages war, oder dass man sich gemäß parlamentarischer Konvention für einen Antrag zur Geschäftsordnung mit zwei Händen meldet. Und woher hätten die Abgeordneten wissen sollen, dass Fraktionssitzungen dazu da sind, nach Information durch die Fachleute der Arbeitskreise und Ausschüsse die Strategie für das Plenum zu besprechen und festzulegen und nicht der Ort für endlose Grundsatzdiskussionen, vor allem, wenn man unter Zeitdruck agieren muss? Denn die umfangreiche Einarbeitung, die nötig war, um sich in diesem bislang unbekannten parlamentarischen System zurechtzufinden, das sich Vertrautmachen mit neuen Themen, wofür oft kiloschwere Berge an Papier durchgearbeitet werden mussten, war ungeheuer zeitraubend.

Daraus resultierende Verfahrensfehler, die häufige Notwendigkeit zu improvisieren, mangelnde Kenntnis der parlamentarischen Verfahren und der geschriebenen wie ungeschriebenen Regeln im Parlament, all das trug der 10. Volkskammer den Ruf ein, ein Parlament von Amateuren, eine Laienspieltruppe zu sein.

Die 10. Volkskammer und das Fernsehen

Bei allem stand die 10. Volkskammer unter permanenter Beobachtung. Ihr Prozess der Selbst-Parlamentarisierung spielte sich vor den Augen der Öffentlichkeit ab. Denn der Deutsche Fernsehfunk, das Fernsehen der DDR, übertrug die Plenarsitzungen von Anfang an live und fast immer in voller Länge.[24] Das war ein Novum: Aus keinem anderen

---

[24] In einer Kooperation von Deutschem Bundestag, dem Bundesarchiv und dem Deutschen Rundfunkarchiv wurden diese mehr als 200 Stunden Videomaterial auf der Homepage des Deutschen Bundestages öffentlich zugänglich gemacht:

deutschen Parlament war je so umfangreich und vollständig gesendet worden.

Doch das Interesse der Medien an der Volkskammer hatte nicht erst mit der Wahl vom 18. März 1990 eingesetzt. Bereits mit dem 24. Oktober 1989, also noch in der Endphase der 9. Volkskammer, begann eine ausführliche Berichterstattung des Fernsehens der DDR aus dem Plenarsaal. An diesem Tag wurde Egon Krenz als Nachfolger Erich Honeckers, den die Parteiführung der SED einige Tage zuvor entmachtet hatte, zum neuen Staatsratsvorsitzenden gewählt. Während der letzten acht Tagungen dieser Legislaturperiode war das Fernsehen immer live dabei und ließ die Zuschauerinnen und Zuschauer am Geschehen teilhaben. Insgesamt sendete es zwischen dem 24. Oktober 1989 und dem 7. März 1990 gut 60 Stunden aus dem Palast der Republik. Die Live-Übertragungen der 10. Volkskammer setzten diese Praxis fort.

Alle Beteiligten versprachen sich davon viel, zum einen die Bürgerinnen und Bürger, die natürlich sehen wollten, wie ihre Repräsentantinnen und Repräsentanten mit dem Wahlauftrag umgingen. Während sich heute vom Parlamentsfernsehen doch eher die Spezialisten angesprochen fühlen, war das Interesse an den Übertragungen in diesen Wochen allgemein sehr hoch. Oft wurde regelmäßig und vor allem auch gemeinsam ferngesehen.

Die Volkskammer selbst war von der Bedeutung von Transparenz, Offenheit und Information, wie sie durch das Fernsehen vermittelt wurde, ebenfalls überzeugt. Mit diesem neuen Öffentlichkeitsverständnis, indem sie sich von den Bürgerinnen und Bürgern bei der Ausübung ihrer Tätigkeit beobachten ließen, wollten sich die Abgeordneten der 10. Volkskammer bewusst von der Praxis ihrer Vorgängerin absetzen. Man kann »beobachten« auch unbeschadet durch das Wort »kontrollieren« ersetzen, denn darauf lief es hinaus. Das wurde gleich in der konstituierenden Sitzung bei der Wahl der Präsidentin und des Präsidiums deutlich. Nicht nur, dass die Stimmzettel in eine transparente Urne aus Plexiglas geworfen wurden. Ungewöhnlich war

---

URL: https://www.bundestag.de/parlament/geschichte/parlamentarismus/10_volkskammer/mediathek (letzter Zugriff: 17.03.2021). Von dort aus kann auch auf den digitalisierten Bundesarchiv-Bestand zur 10. Volkskammer der DDR und die Plenarprotokolle zugegriffen werden.

vor allem die Auszählung: Sie fand vor aller Augen im Plenarsaal statt, indem der Direktor der Volkskammerverwaltung umringt von den Schriftführern der Fraktionen jeden einzelnen Stimmzettel laut vorlas. Da Sabine Bergmann-Pohl nicht schon im ersten Wahlgang die benötigte Stimmenzahl erreichte, war ein zweiter Wahlgang nötig, bei dem das Verfahren exakt wiederholt wurde. Nimmt man jetzt noch die Wahl der Stellvertreter hinzu, die nach demselben Prozedere stattfand, kann man sich in etwa vorstellen, wie lange dies bei 400 Abgeordneten dauerte. So transparent und für alle nachvollziehbar dieser Vorgang auch war, strapazierte er die Geduld von Abgeordneten, Journalisten und Zuschauern doch arg. Die Volkskammer verzichtete dementsprechend später auch auf derart zeitaufwendige Verfahren. Sofern die Mehrheitsverhältnisse in der Kammer vom Präsidium aus deutlich auszumachen waren, wurde auch bei Abstimmungen auf das Auszählen verzichtet. – Auch hier trog also Michael Luthers Erinnerung.

Doch die Dauerbeobachtung durch das Fernsehen hatte ungeahnte und unerwünschte Nebeneffekte: Die Zuschauerinnen und Zuschauer vor den Bildschirmen bekamen neben all der parlamentarischen Routine, die sich dann doch recht bald einstellte, chaotische Sitzungsverläufe geboten, sie sahen lesende, essende oder sich unterhaltende Abgeordnete, sie sahen leere Stuhlreihen – und sie begannen sich zu beschweren. Davon zeugen ihre vielen Briefe, die bei der Volkskammer eingingen. Ganz offensichtlich entsprach das, was sie zu sehen bekamen, nicht ihren Erwartungen davon, wie Abgeordnete sein sollten und wie sie sich ein Parlament vorstellten. In den Antwortschreiben versuchte man zu erklären, dass ein nicht bis auf den letzten Platz gefüllter Plenarsaal nicht gleichbedeutend ist mit faulenzenden Parlamentariern und dass Streit zwischen Abgeordneten oder verschiedenen Fraktionen, der durchaus auch heftig sein kann, nicht Ausdruck von »Parteienegoismus« oder »Parteiengezänk« ist, sondern zum Austragen politischer Meinungsverschiedenheiten dazugehört. Doch es half nichts. Die Volkskammer hatte bald ein handfestes Imageproblem. Die Präsidentin jedenfalls sah sich im Juli genötigt, einen Verhaltenskodex zu entwerfen. Darin wurden die Abgeordneten gebeten, sich um ein der »Würde des Hauses« angemessenes Verhalten zu bemühen, denn das Erscheinungsbild der Volkskammer würde wesentlich durch die Fernsehübertragungen bestimmt. Sie mussten erst lernen, dass der Umgang mit der Öffentlichkeit, egal ob es sich um das Publikum auf der Tribüne, dasjenige vor den Fernsehgeräten oder um die Medien handelte, alles andere als einfach war und die Wirkung oft nicht den eigenen Intentionen entsprach.

Fazit

Direkt nachdem die 10. Volkskammer im Oktober 1990 ihre Arbeit beendet hatte, gehörten die Abgeordneten selbst wohl zu ihren schärfsten Kritikern. In der Rückschau sahen sie sich fremdbestimmt, von den Ereignissen, den Entscheidungen der eigenen Regierung und der Bonner wie der internationalen Politik getrieben und dominiert, teilweise schlicht überrollt, unter permanentem Zeitdruck arbeitend ohne die Möglichkeit, eigenständige Entscheidungen zu treffen oder überhaupt Vorlagen so weit durcharbeiten zu können, dass man guten Gewissens über sie abstimmen konnte. Mit der Wahl vom 18. März war ein Weg vorgegeben, der kaum Chancen für Alternativen ließ. Und spätestens nachdem im August der Beitrittstermin auf den 3. Oktober festgelegt und im September der Einigungsvertrag verabschiedet war, hatte man sich überflüssig gemacht. Je nach Fraktionszugehörigkeit empfanden die Abgeordneten dieses Gefühl von Ohnmacht mal mehr, mal weniger stark. Als einer der wenigen Pluspunkte der eigenen Arbeit wurde das Stasiunterlagengesetz verbucht, das erst auf Drängen der Volkskammer in den Einigungsvertrag aufgenommen worden war. Aber beispielsweise der Wunsch nach der Verabschiedung einer eigenen Verfassung, wie ihn die Opposition hegte, war unerfüllt geblieben. Die bisweilen harsche Selbstkritik steht in seltsamem Kontrast zu dem Zitat am Anfang, lässt sich aber erklären, denn trotz allem gehörten diese sechs Monate vermutlich für die meisten Abgeordneten zu den prägendsten Erfahrungen ihres Lebens, daher die Begeisterung bei aller auch vorhandenen Frustration. Zudem deuteten, vor allem mit größer werdendem zeitlichen Abstand zum Geschehen, Abgeordnete interessanterweise auch das, was ihnen damals als Defizit ausgelegt wurde, zu Stärken dieses Parlaments um.

Auch wenn sich die 10. Volkskammer fast in allen Belangen am Bundestag orientierte, Struktur und Arbeitsweise der Fraktionen genauso wie Geschäftsordnungen übernahm, den Zuschnitt von Arbeitskreisen, Ausschüssen und Ministerien nach dem Bonner Modell gestaltete; auch wenn die eigene Aufgabe im Wesentlichen darin bestand, im Hinblick auf einen möglichst reibungslosen Übergang die DDR-Gesetzgebung derjenigen in der Bundesrepublik anzugleichen und Strukturen von Verwaltung und Wirtschaft kompatibel zu machen: Die 10. Volkskammer war nicht einfach eine Kopie eines Originals. Selbst wenn es vielen so erschienen sein mag. Sie war durchaus in der Lage, eigene Akzente zu setzen: zum Beispiel bereits in ihrer zweiten Sitzung mit einem Bekenntnis zu den bestehenden Grenzen zu ihren östlichen Nachbarn, insbesondere zur Existenz der polnischen Westgrenze – erst im Juni verabschiedeten dann der Deutsche Bundestag und die Volkskammer zusammen eine schon im März geplante gemeinsame Erklärung[25] – oder eben mit dem Stasiunterlagengesetz.

Sie kann darüber hinaus Besonderheiten aufweisen, die in anderen Parlamenten sanktioniert worden wären: einen Sitzstreik, Tribünenproteste, Besetzung des Rednerpults durch Besucher, Redebeiträge von Nichtparlamentariern. Es gab auch allerhand Symbolisches, wie öffentliche Spendensammlungen im Plenarsaal, der Streit um die Demontage des DDR-Staatswappens an der Kopfwand des Saals am 31. Mai oder die emotional hoch aufgeladene Sitzung des 17. Juni.

Der Start unter widrigen Voraussetzungen war hingegen kein Alleinstellungsmerkmal, das zeigt ein Blick beispielsweise auf den ersten Deutschen Bundestag 1949, die Weimarer Nationalversammlung oder auf das tschechische Parlament im Jahr 1989[26]. Zu wenig Platz zum Arbeiten, fraktionsübergreifende Fahrgemeinschaften oder Übernachten in einer Art Jugendherberge kannten auch sie. Was die Arbeit mit einer vorläufigen Geschäftsordnung angeht, sei ebenfalls ein Blick auf den Bundestag empfohlen. Der arbeitete in seiner 1. Wahlperiode bis immerhin zur 5. Sitzung ganz ohne Geschäftsordnung, und von da

---

[25] Volkskammer der Deutschen Demokratischen Republik: 10. Wahlperiode, Protokolle 1. bis 9. Tagung, Bd. 27. Berlin 2000, S. 23 (hier mit Drs. Nr. 4); Plenarprotokoll Deutscher Bundestag, 11/217 mit Drs. Nr. 7465 sowie Plenarprotokoll Deutscher Bundestag, 11/200.

[26] Vgl. ADÉLA GJURIČOVÁ: The MPs' Residence in Prague-Opatov and the Czechoslovak Parliament after 1989. In: ADÉLA GJURIČOVÁ/ANDREAS SCHULZ/LUBOŠ VELEK/ANDREAS WIRSCHING (HRSG.): Lebenswelten von Abgeordneten in Europa 1860–1990. Düsseldorf 2014, S. 231–238.

an bis zum Januar 1952 nur mit einer vorläufigen, nämlich der modifizierten des Reichstags von 1922.

Die 10. Volkskammer gilt, was ihren Arbeitsstil angeht, gemeinhin als konsensorientiert, weniger an heftiger politischer Auseinandersetzung entlang starrer Fraktionsgrenzen interessiert als an sachbezogener auch fraktionsübergreifender Problemlösung. Man sollte allerdings vorsichtig sein, das gleich als eine neuartige Form von Parlamentarismus zu deuten, die dem vermeintlich kalten, unnahbaren, professionellen Bonner Betrieb eine frischere, spontanere, »menschlichere« Variante entgegensetzte, wie das viele Volkskammerabgeordnete selbst vor allem in der Rückschau gerne taten. Bei einigen war dabei auch deutlich die Begeisterung für Arbeitsweise und Selbstverständnis des Zentralen Runden Tisches zu spüren. Die dort praktizierte Art des Aushandelns politischer Fragen zwischen gleichberechtigten Partnern blieb für manche von ihnen der Idealfall demokratischer Diskussion und Entscheidungsfindung.

Die Konsensorientierung der 10. Volkskammer hatte sicher mit der noch nicht besonders klaren Ausdifferenzierung der politischen Parteien, der Schwere der Aufgabe, der gemeinsamen Ziele trotz aller Unterschiede im Detail zu tun, aber eben auch mit fehlender parlamentarischer Übung und Unsicherheit im Umgang miteinander. Im Übrigen lässt sich von der Fraktionslinie abweichendes Verhalten bei Abstimmungen, was viele als per se positiv betrachteten,[27] recht gut ertragen, wenn man über eine derart komfortable Mehrheit verfügt wie die Koalition in ihren ersten Monaten. Auch in der Volkskammer wurde, nachdem die Verhältnisse nicht mehr so klar waren, für Abstimmungen, in denen es wirklich darauf ankam, in den Fraktionen deutlich mehr als zuvor auf Disziplin geachtet. Und polemische Zwischenrufe, hitzige Debatten ebenso wie persönliche Angriffe, denen der Ruf nach Entschuldigung folgte, gab es auch dort.

Vor allem aber gehört zu den »Nachwirkungen« dieses Parlaments, dass die Abgeordneten der 10. Volkskammer einen »Elitenpool der neu entstehenden politischen Führungsgruppen im Osten Deutschlands«[28]

---

[27] Vgl. z. B. »Sachfragen vor Fraktionszwängen«. In: *taz, die tageszeitung* vom 5. April 1990.

[28] CHRISTOPHER HAUSMANN: Die 10. Volkskammer der DDR (wie Anm. 12), S. 528.

bildeten, aus dem sich Mitglieder der Parlamente in den neu gebildeten Bundesländern, aber auch im Bundestag, im Europäischen Parlament oder in den ostdeutschen Kommunen rekrutierten. Sie gaben auf diesem Weg ihre Erfahrungen weiter und wirkten so als Multiplikatoren eines neuen demokratischen und parlamentarischen Verständnisses.

Marcus Böick

Konjunkturen des Ökonomischen im Umbruch: Retrospektiven auf das lange Schwellenjahr 1990 zwischen enttäuschten Erwartungen und affirmativen Alternativlosigkeiten

Vorwort: Alternativlosigkeiten in der Geschichte (des Jahres 1990)

Gibt es Alternativen in der Geschichte? Diese Frage stellen sich Philosophinnen, Theologen oder Historikerinnen seit sehr langer Zeit. Ob »die« Geschichte auf ein vorab durch ein göttliches Wesen oder andere, in ihr bzw. durch sie wirkende Bewegungsgesetze gegebenes (End-)Ziel zusteuert, erscheint dabei stets hochumstritten und ungewiss. Während die abrahamitischen Religionen seit Jahrtausenden auf die mal nahe, mal ferne Wiederkehr Gottes auf Erden vertrauen, teilt auch der im 19. Jahrhundert aufkommende wissenschaftliche Marxismus die grundsätzliche Überzeugung, dass Geschichte teleologisch ausgerichtet sei. Wobei bei Karl Marx und seinen zahlreichen Nachfolgerinnen und Anhängern natürlich weniger das Reich Gottes, als vielmehr das finale Ende einer konfliktreichen Geschichte von Klassenkämpfen in einer utopischen, klassenlosen Gesellschaft freier Individuen eher nebulös vor Augen stand.[1]

Im Jahr 1990 sahen sich viele Marxisten in Europa in dieser utopischen Hoffnung bitterlich enttäuscht. Nicht der westliche Liberalismus und vermeintliche Spät-Kapitalismus waren nun im Begriff, auf Trotzkis »Müllhaufen der Geschichte« zu landen, sondern der osteuropäische Realsozialismus sowjetischer Prägung, wie er sich nach 1917 in den Wirren von Welt- und Bürgerkriegen im Spannungsfeld von »Terror

---

[1] LUCIAN HÖLSCHER: Zeitgärten. Zeitfiguren in der Geschichte der Neuzeit. Göttingen 2020; ACHIM LANDWEHR: Die anwesende Abwesenheit. Essay zur Geschichtstheorie. Frankfurt am Main 2016.

und Traum«, so der Historiker Karl Schlögel, formiert hatte.[2] Markierte dieser dramatische Zusammenbruch des sowjetischen Imperiums nach sieben Jahrzehnten für die einen ein dramatisches, oft auch persönliches Scheitern, dominierte – zumindest bei vielen – im Westen vor allem Triumphalismus und Zuversicht. Der »Kalte Krieg« war abrupt an sein Ende gelangt; östlicher Sozialismus und zentralistische Planwirtschaft schienen endgültig erledigt, westlicher Liberalismus und kapitalistische Marktwirtschaft die letzten weltweit verbleibenden, ja offenbar unbestreitbar universellen gesellschaftlichen Ordnungs- und Zukunftsentwürfe zu sein. Zeitnah lieferte der US-amerikanische Politikwissenschaftler Francis Fukuyama im Jahr 1992 hierfür mit dem »Ende der Geschichte« eine griffige, zeitgeistige Allerweltsformel. Doch Fukuyamas politphilosophischer Entwurf trieft keineswegs vor hellem Optimismus – im Gegenteil, prognostizierte der konservative Denker, im Rückgriff auf Marx und Hegel, vielmehr das gefährliche Aufbrechen religiös-kultureller Konflikte (vor allem mit dem Islam) – und lieferte damit auch ein ideelles Präludium für den 11. September 2001.[3]

Warum dieser zugegebenermaßen weite Bogen in einem Text über das Jahr 1990, in dem es vor allem um den (ost-)deutschen Weg vom Plan zum Markt gehen soll? Im Kern zog und zieht sich auch die Frage nach möglichen Alternativen sowie deren Zurückweisung wie ein roter Faden durch dieses mittlerweile hermetisch sortierte Debattenfeld: Waren der Zusammenbruch des Realsozialismus und seiner Zentralplanwirtschaften sowie die anschließende Übertragung westlich-kapitalistischer Marktwirtschaften gen Osten wirklich »alternativlos«? Diese scharfe Diskussion kam und kommt nicht von ungefähr. Gerade das der britischen Premierministerin Margaret Thatcher ikonisch zugeschriebene TINA-Bonmot (»*There is no Alternative*«) verband sich mit dem (Feind-)Bild der seit den späten 1970er und 1980er Jahren in den USA und Großbritannien sich formierenden Bewegung eines globalen Neoliberalismus. Dieser erscheint, zumal in der zeithistorischen Rückschau, als ungemein heterogenes wie

---

[2] KARL SCHLÖGEL: Terror und Traum. Moskau 1937. München 2008; DERS.: Die Mitte liegt ostwärts. Europa im Übergang. München 2002.

[3] FRANCIS FUKUYAMA: The End of History and the Last Man. New York (u. a.) 1992.

diffuses politökonomisches Großprojekt, welches den vermeintlich erstarrten bürokratischen Staaten und gemeinwohlbezogenen Kollektivinteressen mit erheblicher Skepsis sowie den dynamischen Märkten und eigennützigen Akteuren mit beträchtlicher Zuversicht begegnete. Die prinzipielle Überlegenheit von Märkten und Individuen gegenüber Staaten und Kollektiven im freien Wettbewerb erscheint dabei als zentrales Axiom dieser Denkbewegung, die eben auch mögliche Alternativen oder »Dritte Wege« vor und insbesondere nach 1990 verwarf: Gerade dieses Denken in Szenarien ökonomischer Alternativlosigkeiten offenbart, dass diese wirkmächtige Figur keineswegs religiösen oder marxistischen Bewegungen exklusiv zu eigen ist.[4]

Im deutsch-deutschen Sonderfall einer unerwarteten wie zügigen Vereinigung von Bundesrepublik und DDR besitzt der Streit um vermeintliche ökonomische Alternativlosigkeiten in den Jahren 1989/90 eine besondere Sprengkraft, vermengt er sich doch untrennbar mit kritischen bzw. affirmativen Positionen verschiedener politischer Lager zwischen »links« und »rechts« bzw. »Ost« und »West« – und das bis in die Gegenwart hinein: Während konservativen und liberalen Vertreterinnen zumeist westdeutscher Herkunft die zügige, ab dem Frühjahr 1990 von der christliberalen Bundesregierung unter Helmut Kohl und Hans-Dietrich Genscher eingeleitete Wiederherstellung eines deutschen Nationalstaates unter Beibehaltung der »Sozialen Marktwirtschaft« als grundsätzlich alternativlos erscheint, beargwöhnen zumeist linke wie oft ostdeutsche Kritiker diesen Prozess als »Übernahme«, ja als »Kolonialisierung« der DDR bzw. des Ostens durch einen hegemonialen Westen. In dieser kritischen Lesart hätten die seit dem Herbst 1989 im Osten umfassend diskutierten ökonomischen (oft auch zugleich ökologischen oder gesellschaftlichen) Alternativen, Reformvorschläge oder eben »Dritten Wege« zwischen Kapitalismus und Sozialismus keinerlei Rolle mehr gespielt. Eine Sichtweise, die ihrerseits von ihren Gegenspielern als utopische oder gar – mit Blick auf realsozialistische Gewaltpraktiken und Geheim-

---

[4] KONRAD SZIEDAT: Erwartungen im Umbruch. Die westdeutsche Linke und das Ende des »real existierenden Sozialismus«. Berlin/Boston 2019; QUINN SLOBODIAN: Globalists. The End of Empire and the Birth of Neoliberalism. Cambridge/London 2018.

dienste – gefährliche »Traumtänzerei« scharf zurückgewiesen wurde und wird.[5]

Das Argument der »Alternativlosigkeit« erscheint auf diese Weise im Kontext der innerdeutschen Diskussionen um die (Macht-)Verhältnisse von Plan und Markt bzw. Ost und West als bisweilen (über-)griffige Waffe im umfassenden Wettstreit von Systemen und Ideologien, quer durch das 20. Jahrhundert und darüber hinaus: Realsozialismus wie (Neo-)Liberalismus sprachen hiermit einander letztlich die Existenzberichtigung ab. Und als nun, im Jahr 1990, ersterer zusammenbrach und letzterer zurückblieb, schien sich genau dies zu bewahrheiten, gerade auch in der unmittelbaren Konfrontation von Bundesrepublik und DDR bzw. West- und Ostdeutschland. Demgemäß schien in diesem flüchtigen historischen Augenblick – gerade auch vielen ostdeutschen Wählerinnen im politisch hochbewegten Frühjahr 1990 – eine zügige »Übertragung« des westdeutschen Modells einer »Sozialen Marktwirtschaft« gen Osten zunächst als die einzig gangbare Variante, bevor die massiven ökonomischen Krisen, gesellschaftlichen Umbrüche wie auch kulturellen Konflikte im Postsozialismus der frühen 1990er Jahre diesen ursprünglichen Optimismus erheblich verdüsterten.[6]

Dieser massive Deutungsstreit über vermeintliche Alternativlosigkeiten in der Sphäre des Ökonomischen setzt sich bis in unsere Gegenwart unvermindert fort, nun bevorzugt auf dem Feld der Erinnerungskulturen, wobei materielle und kulturelle Fragen nahezu unentwirrbar miteinander verwoben erscheinen: War im Westen des Jahres 1990 mit D-Mark und Marktwirtschaft alles Gold, was glänzte – und im Osten eben alles, Betriebe und Biografien, wertloser Schrott? Diese Diskussion über das bundesdeutsche »Modell« bzw. den »Wert« der DDR hat in den letzten Jahren, unter dem Eindruck langfristig fortgesetzter Ost-West-Differenzen, neuerlichen Auftrieb erhalten. Mit bangem Blick auf rechtspopulistische Wahlerfolge seit Mitte der

---

[5] PETRA KÖPPING: »Integriert doch erstmal uns!« Eine Streitschrift für den Osten. Berlin 2018; YANA MILEV: Entkoppelte Gesellschaft. Ostdeutschland seit 1989/90. Berlin u. a. 2019; NORBERT F. PÖTZL: Der Treuhand-Komplex. Legenden. Fakten. Emotionen. Hamburg 2019; KARL-HEINZ PAQUÉ/RICHARD SCHRÖDER: Gespaltene Nation? Einspruch! 30 Jahre Deutsche Einheit. Basel 2020.

[6] MARCUS BÖICK: Die Treuhand. Idee – Praxis – Erfahrung. 1990–1994. Göttingen 2018.

2010er Jahre im »Osten« mangelt es in gedruckten wie mündlichen Retrospektiven und Redebeiträgen zahlreicher Akteure und Zeitgenossen nicht an entsprechend konstatierten Alternativlosigkeiten sowie deren aggressiver Kritik und scharfer Zurückweisung.[7]

Dieser zeithistorische Beitrag will sich an der Konfrontation um vermeintliche Alternativlosigkeit dezidiert nicht beteiligen, zumal sich die Frage in dieser Form aus geschichtswissenschaftlicher Perspektive im Grunde nicht stellt: Selbstverständlich existiert prinzipiell eine mannigfaltige, aber nicht unendliche Vielfalt an zeitgenössisch denkbaren Varianten und offenen Möglichkeiten in den jeweiligen historischen Situationen und Konstellationen, von denen jedoch nur ein ganz bestimmter Ausschnitt letztlich wirklich realisiert – also in konkrete Entscheidungen oder Handlungen übersetzt wird. Denkbar ist für die Zeitgenossen oft vieles, machbar erscheint dies jedoch zumeist weniger – zumindest bei denjenigen, die hierüber zu befinden haben.

Dieser Beitrag will sich auf die sehr wechselhaften Dynamiken dieser veränderten ökonomischen Konstellationswahrnehmungen und die hiermit verknüpften Deutungen und Erwartungen in Deutschland im »langen« Jahr 1990 zwischen Herbst 1989 und Frühjahr 1991 fokussieren. Dieser ausgreifende Bogen wird dabei von der »Friedlichen Revolution« über die rasche »Einigung« bis hin zur »Vereinigungskrise« (Kocka) gespannt. Das Jahr 1990 erscheint in dieser Lesart, so lässt sich als Hypothese festhalten, als dramatische Wetterscheide, in der langfristige Mentalitäten und Strukturen auf sehr kurzfristige Disruptionen und Brüche trafen. Die langfristig gefestigten, individuellen wie kollektiven Erfahrungsräume des »Kalten Krieges« kollidierten dabei zwischen Herbst 1989 und Frühjahr 1991 mit den neuartigen Erwartungshorizonten von für die allermeisten Zeitgenossen (insbesondere auch den politischen Akteuren und ökonomischen Experten) weitgehend unerwarteten, unbekannten und mithin: zunächst ausgesprochen zukunfts-offenen Konfigurationen und Situationen. Die intensive Bearbeitung dieser sich plötzlich eröffnenden bzw. verschließenden Zukunftshorizonte erklärt dabei, so wäre zu zeigen, die

---

[7] ILKO-SASCHA KOWALCZUK: Die Übernahme. Wie Ostdeutschland Teil der Bundesrepublik wurde. München 2019; STEFFEN MAU: Lütten Klein. Leben in der ostdeutschen Transformationsgesellschaft. Berlin 2019.

Verve, mit der gerade in Deutschland bis heute über Alternativlosigkeiten gestritten wird.[8]

In drei Schritten sollen diese konflikthaften Orientierungs- und Transformationsprozesse zwischen Bundesrepublik und DDR in der Sphäre der Ökonomie des »langen« Jahres 1990 zwischen Revolution (als Öffnung), Einigung (als Übergang) und Ernüchterung (als Schließung) nachvollzogen werden – jedoch in perspektivisch-erzählerisch umgekehrter Weise: Diese Variante der Geschichte soll hier, quasi von ihrem Ende aus, beginnend mit der umfassend konstatierten »Krise« im Frühjahr 1991 erzählt werden, als sich die erheblichen Erwartungen in Ost und West eben gerade nicht realisierten und sich die revolutionären Zukunftshorizonte endgültig schlossen. In einem *zweiten* Schritt wird dann insbesondere der Sommer 1990 fokussiert, der als besondere Schwelle der in die politischen wie ökonomischen Praktiken übersetzten Übergänge zwischen den früheren Erwartungen und späteren Enttäuschungen markiert wird. In einem *dritten* und letzten Abschnitt wird schließlich auf die bewegt-revolutionäre Zeit des Herbstes 1989 bzw. Frühjahrs 1990 zurückgeblendet, deren erstaunlich offene Diskussionen nicht zuletzt auch die spätere Fallhöhe der Erwartungseinbrüche im Frühjahr 1991 besonders deutlich markieren. Dieser Beitrag spielt die Geschichte des Ökonomischen des Jahres 1990 also quasi rückwärts ab, in der Hoffnung, so die altbekannte Frage nach ökonomischen Alternativlosigkeiten im »langen« Jahr 1990 aus einem neuen Blickwinkel ergründen zu können: von den krisenhaften Einbrüchen (1991), über die praktischen Umbrüche (1990) hin zu den ideellen Aufbrüchen (1989). Auf diese Weise soll, so die Überlegung, der vermeintlich alternativlose End-, Ziel- und Fluchtpunkt perspektivisch zum Start- und Ausgangspunkt werden.

---

[8] REINHART KOSELLECK: Vergangene Zukunft. Zur Semantik geschichtlicher Zeiten. Frankfurt am Main 1979.

1. Frühjahr 1991: Dramatische Einbrüche und massive Enttäuschungen in Ost und West

Eine massive Katerstimmung nach dem unverhofften »Einheitsrausch« war im März 1991 vor allem in Ostdeutschland unüberseh- wie unüberhörbar. Überall in den fünf »neuen Ländern« versammelten sich unzufriedene Menschen auf Straßen und Plätzen, um ihrer Enttäuschung lautstark Ausdruck zu verleihen; in Leipzig strömten Zehntausende sogar zu neuerlichen »Montagsdemonstrationen« zusammen. Doch statt »Honecker« und der »Stasi« sollten »Kohl und sein Politbüro« endlich »in die Produktion« geschickt werden. Ostwärts expandierende Gewerkschaftsvertreter, frustrierte Oppositions- und Kirchengruppen sowie auch die zur PDS gewandelte Ex-SED führten diese Protest- und Demonstrationszüge an. Deren Grundstimmung war von einem massiven Erwartungseinbruch im Osten dominiert: Denn die von Bundeskanzler Helmut Kohl noch vor einem knappen halben Jahr versprochenen »blühenden Landschaften« hatten sich nicht eingestellt, vielmehr bestimmten in der Industrie insbesondere seit Januar 1991 Betriebsschließungen und Entlassungsrunden eine dramatische Agenda von dort zuvor unbekannter Arbeitslosigkeit, allseits gefürchteter »Abwicklung« und bald auch endemischer Abwanderung. Im Zentrum der allgemeinen Unzufriedenheiten stand dabei die Treuhandanstalt, eine besondere Bundesbehörde, die im Sommer kurzfristig mit der raschen »Entstaatlichung« der einstigen DDR-Staatsbetriebe beauftragt worden war. Ihr Präsident, der westfälische Industriemanager Detlev Karsten Rohwedder, wurde in diesen bewegten Wochen das scharf angefeindete »Gesicht« einer heraufdämmernden »Vereinigungskrise«, die in den folgenden Jahren die Gräben zwischen Ost und West erheblich vertiefen würde.[9]

Als dramatischer Höhe- wie auch Wendepunkt dieses Frühjahrs der innerdeutschen Frustrationen erscheint schließlich das am 1. April 1991 von der RAF verübte (und zuletzt auch prominent wie kontrovers für den US-Streaminganbieter *Netflix* inszenierte) Attentat auf

---

[9] Weiterführend: JÜRGEN KOCKA: Vereinigungskrise. Zur Geschichte der Gegenwart. Göttingen 1995, bzw. die Beiträge in: MARCUS BÖICK/CONSTANTIN GOSCHLER/RALPH JESSEN (HRSG.): Jahrbuch Deutsche Einheit 2020. Berlin 2020.

Rohwedder in dessen Düsseldorfer Wohnhaus. Politik und Wirtschaft in Deutschland hielten für einen Moment inne; überall wurde demonstrativ der Schulterschluss gesucht, damit der »Aufbau Ost« doch noch zum Erfolg werden würde. Auch die erst zurückhaltende Bundesregierung, die bis Ende 1990 noch bevorzugt auf dynamische Marktkräfte vertraut hatte, begann nun in großer Eile massive Investitions- und Infrastrukturprogramme im Geflecht des »Gemeinschaftswerks Aufschwung Ost« zu schnüren – die künftig insbesondere auch im Westen des vereinten Deutschlands in hohem Maße kritisch als in die Multimilliarden gehenden »Kosten der Einheit« verbucht wurden. Der massive Erwartungseinbruch Anfang 1991 war damit bei genauerer Betrachtung ein doppelter: Nicht nur war im postsozialistischen Osten ein »zweites Wirtschaftswunder« ausgeblieben, sondern die zugleich auch der westdeutschen Bevölkerung versprochene »Einheit zum Nulltarif«, bei der letztlich auch im Westen alles beim mittlerweile allzu liebgewonnenen Alten bleiben würde, hatte sich – mit Blick auf massive West-Ost-Transfers und absehbare Steuererhöhungen – ebenfalls als Chimäre des euphorischen Jahres 1990 erwiesen.[10]

Der inzwischen unter massiven Zugzwang geratene Bundeskanzler Kohl wurde im Mai selbst Opfer eines Anschlages – aber statt tödlicher Kugeln trafen den sichtlich aus der Fassung geratenen, noch kurz zuvor im In- wie Ausland als »Kanzler der Einheit« gefeierten Regierungschef rohe Eier auf dem Marktplatz von Halle an der Saale. Der »Eierwurf von Halle«, der seinerzeit gerahmt wurde durch massive Proteste der Belegschaft der hiesigen Leuna-Werke, wurde fortan zu einer regelrechten Ikone einer unerwarteten Konflikteskalation zwischen Ost und West seit dem Frühjahr 1991. Auch nach dem Rohwedder-Mord setzte dessen Nachfolgerin Birgit Breuel als Treuhand-Chefin auf rasche Privatisierungen der ostdeutschen Betriebe, die bald nicht nur mit der oft überlegenen Westkonkurrenz,

---

[10] MARCUS BÖICK/CHRISTOPH LORKE: Aufschwung, Abbau, Anpassung? Eine kleine Geschichte des »Aufbau Ost«. URL http://www.bpb.de/apuz/300059/eine-kleine-geschichte-des-aufbau-ost (8.11.2019) (letzter Zugriff: 21.05.2021); ferner: ANDREAS RÖDDER: Deutschland einig Vaterland. Die Geschichte der Wiedervereinigung. München 2009; THOMAS GROßBÖLTING: Wiedervereinigungsgesellschaft. Aufbruch und Entgrenzung in Deutschland seit 1989/90. Bonn 2020.

sondern auch nach dem Untergang der Sowjetunion Ende 1991 mit dem Wegbrechen ihrer angestammten »Ostmärkte« zu kämpfen hatten.[11]

Die von der Treuhand beschleunigten und als »alternativlos« verteidigten Privatisierungen waren bereits bis Ende 1992 mit dem zehntausendsten Verkauf weitgehend abgeschlossen; doch auch bei ihrem Ende 1994 war der deutsch-deutsche Katzenjammer ganz erheblich: Während man im Osten den massiven Verlust von knapp drei der ursprünglich vier Millionen Industriearbeitsplätze und damit einhergehender Arbeitslosigkeit und Abwanderung zu verkraften hatte und sich infolge der überwältigenden Dominanz westdeutscher Investoren als »verlängerte Werkbank« wähnte, zeigte man sich im Westen vielmehr entsetzt über ein dramatisches Treuhand-Defizit jenseits der 250 Milliarden D-Mark-Schwelle. Zudem schienen auch die sozialen Folgen der Umbrüche im Osten den während des Nachkriegsbooms der 1950er und 1960er Jahre massiv ausgebauten westdeutschen Wohlfahrtsstaat erheblich zu überfordern.[12]

Derlei langfristige Folgewirkungen, die sowohl materiell als auch ideell die Friktionen zwischen Ost und West im Laufe der 1990er Jahre ganz erheblich beförderten und auch darüber hinaus verfestigen sollten, waren indes um den Jahreswechsel 1990/91 tatsächlich noch kaum absehbar gewesen. Vielmehr war der Herbst des bewegten Jahres 1990 noch bestimmt von spektakulären politischen Ereignissen – neben der Auflösung der DDR und dem Beitritt der fünf neuen Bundesländer am 3. Oktober 1990 waren dies die ersten Landtagswahlen und die gesamtdeutsche Bundestagswahl am 2. Dezember 1990. Die ausgedehnten Wahlkämpfe und deren breite mediale Verarbeitungen, die im Grunde das gesamte Jahr 1990 insbesondere Ostdeutschland in Atem gehalten und dort zu einer erheblichen Mobilisierung und Politisierung weiter Teile der Bevölkerung geführt

---

[11] DIERK HOFFMANN: Transformation einer Volkswirtschaft. Neue Forschungen zur Geschichte der Treuhandanstalt. Berlin 2020; MARCUS BÖICK: Die Treuhand (wie Anm. 6); WOLFGANG SEIBEL: Verwaltete Illusionen. die Privatisierung der DDR-Wirtschaft durch die Treuhandanstalt und ihre Nachfolger 1990–2000. Frankfurt am Main/New York 2005.

[12] GERHARD A. RITTER: Der Preis der deutschen Einheit. Die Wiedervereinigung und die Krise des Sozialstaats. München 2006.

hatten, markierten damit eine letzte Etappe vor dem baldigen Stimmungseinbruch: Noch bis in den Dezember hinein gaben in der deutsch-deutschen Öffentlichkeit (partei-)politische Programme und ausgedehnte Wahl-Versprechungen den rastlosen Rhythmus vor. Die immensen Hoffnungen und Erwartungen, vor allem vieler Menschen im Osten, müssen vor diesem Hintergrund eines zuvor unbekannten Dauerwahlkampfes im Jahr 1990 eingeordnet werden, der weite Teile der ostdeutschen Bevölkerung zugleich elektrisierte wie überforderte: Professionelle Parteikampagnenmacher aus dem Westen trafen mit ihren bunten Wahlplakaten auf eine politisch nach vier Jahrzehnten grau-eintöniger SED-Propaganda weitgehend abgestumpfte Gesellschaft, die den westlichen Verheißungen nach kommenden Wirtschaftswundern und Wohlstandsexplosionen noch bis zum Jahresende nur allzu gerne Glauben schenken wollte.[13]

Es passt also ins Bild, dass eine Wahl den Schlussakkord des Schwellenjahres 1990 bildete. Und auch am 2. Dezember 1990 entschied sich die überwältigende Mehrheit der Ostdeutschen – wie schon ein Dreivierteljahr zuvor bei der Volkskammerwahl im März – eben für das verlockende Angebot der Unionsparteien sowie der Liberalen, die ihnen dynamisches Wachstum und Wohlstand auf Westniveau versprachen – und mithin klar gegen eine zögerlich-zaudernde Opposition aus innerlich zerrissenen Sozialdemokraten und überwiegend skeptischen Grünen, die mit der abrupten Wiederherstellung eines deutschen Nationalstaates unter marktwirtschaftlichen Vorzeichen ohnehin fremdelten. Nicht von ungefähr ließ Oskar Lafontaine, mittlerweile Spitzenkandidat eines 1990 deutlich in die Defensive geratenen »rot-grünen« Reform-Projekts, kaum eine Gelegenheit aus, um die Ostdeutschen schon frühzeitig vor den künftigen »Schattenseiten« eines dort noch weitgehend idealisierten westdeutschen Politik-, Wirtschafts- und Gesellschaftsmodells zu warnen. Letztlich, so bleibt festzuhalten, schloss sich am 2. Dezember also endgültig ein Fenster, das sich ein Jahr zuvor unverhofft weit aufgetan hatte: der gesamtdeutsche Wahlsieg einer noch bis zum Spätsommer

---

[13] MARCUS BÖICK: »Chronisten gesucht«. Die Umbrüche von 1989/90, die Transformationsforschung und das Umfragetagebuch. In: JANOSCH STEUWER/RÜDIGER GRAF (HRSG.): Selbstreflexionen und Weltdeutungen. Tagebücher in der Geschichte und der Geschichtsschreibung des 20. Jahrhunderts. Göttingen 2015, S. 312–335.

1989 als weitgehend »abgewirtschaftet« wahrgenommenen christ-liberalen Bundesregierung unter Helmut Kohl bestätigte auch in den Augen der zeitgenössischen Beobachterinnen dessen Politik einer raschen ›Osterweiterung‹ der alten Bundesrepublik unter günstigen innen- wie außenpolitischen Vorzeichen.

Doch bereits während dieses unglaublich bewegte Schwellenjahr 1990 endgültig ausklang, schien die Stimmung mittlerweile (an-)gespannt zu sein. Landläufig herrschte keineswegs ungebrochene Euphorie oder naiver Optimismus, zumal sich zum Ende des Jahres bereits die dunklen Vorzeichen und Prognosen eines scharfen ökonomischen Einbruchs im Osten verdichteten. Auch im Privaten scheinen viele Menschen in der im Verschwinden begriffenen DDR bereits früher erhebliche Skepsis und mehr oder weniger stille Zweifel gehegt zu haben, was denn die »neue Zeit« mit ihren vielfältigen Chancen und Möglichkeiten, aber auch unbekannten Herausforderungen und Risiken für sie persönlich konkret bedeuten würde. Ob oder wie schnell das persönliche Pendel zwischen Optimismus und Pessimismus umherschwang, hing freilich auch sehr von der individuellen Lebenssituation ab: insbesondere von Alter, Geschlecht, Qualifikation, Familiensituation sowie der jeweiligen Nähe oder Distanz zum SED-Regime. Ein altgedientes, in seiner Heimat verwurzeltes SED-Mitglied, das sich in Jahrzehnten im Kombinat zum Facharbeiter mit bescheidenem Wohlstand hochgearbeitet hatte, mochte freilich sehr viel düsterer gestimmt sein als eine junge Studienanfängerin, für die sich nun kurz zuvor undenkbare Optionen in puncto Karriere und Konsum eröffneten. Doch im kollektiven, zugegebenermaßen empirisch schwer greifbaren Gesamtbild schien die Tendenz mittlerweile deutlich: Herrschte zu Beginn des Jahres noch eine weitgespannte Aufbruchsstimmung und eine rege Neugier auf eine nunmehr weitgehend geöffnete Zukunft, verschlossen sich die Horizonte in dem Maße, als sich die Einheit als politischer wie ökonomischer Prozess verdichtete und konkretisierte. Ende des Jahres stand also für viele endgültig der Sprung in eine unbekannte Zukunft bevor, dessen Ausgang nur schwer abschätzbar erschien.[14]

---

[14] Dazu weiterführend: MARCUS BÖICK: Die Treuhand (wie Anm. 6).

2. Sommer und Herbst 1990:
Wahlkämpfe und Praxis-Schocks zwischen Hoffen und Bangen

Die erwähnten düsteren Vorzeichen, die in den Wahlkämpfen des ausklingenden Jahres 1990 aufschienen, zeigten sich im Feld des Ökonomischen bereits deutlich früher – und drastischer. Anfang November drohte der erst wenige Monate amtierende Treuhand-Präsident Detlev Rohwedder für die Öffentlichkeit überraschend mit seinem sofortigen Rückzug, da er fehlende Unterstützung aus Bonn beklagte. Gerade auch im Westen habe man, wie Rohwedder lautstark kritisierte, noch immer nicht so recht begriffen, wie bedrohlich oder gar explosiv das wirtschaftlich-soziale Gemisch in der der Treuhand anvertrauten Ost-Industrie mittlerweile sei. Schon wenige Wochen zuvor, kurz nach dem Beitritt am 3. Oktober, hatte Rohwedder Kanzler Kohl massiv gedrängt, die westdeutsche Wirtschaft und ihre führenden Unternehmen endlich stärker in die patriotische »Pflicht« beim ostdeutschen Wirtschaftsumbau zu nehmen – durch rasche Übernahmen und Investitionen, aber auch durch entsprechendes Fachpersonal, welches in seine Treuhand-Organisation entsandt werden sollte, für die der Präsident händeringend nach erfahrenem Fach- und Führungspersonal suchte.[15]

Für Rohwedder und seine noch kleine Entourage, die erst im August und September in Kleingruppen in die Treuhand-Zentrale am Alexanderplatz gelangte, zeichnete sich unterdessen ein regelrechtes ökonomisches Alptraumszenario ab: Der neue Treuhand-Chef registrierte einerseits den bereits merklich aufgestauten Frust und den wachsenden Unmut in etlichen Ost-Betrieben, als er Ende September durch die DDR tourte – und hier mit der geballten Unzufriedenheit etlicher Geschäftsführer, Gewerkschaftler und Belegschaftsmitglieder konfrontiert wurde. In vielen Betrieben bewege sich, so gaben diese zu verstehen, nun schon seit Monaten rein gar nichts mehr und die wachsende Ungewissheit mache vielen Mitarbeiterinnen schwer zu schaffen, während von der Aufbruchseuphorie des Herbstes 1989

---

[15] Wolfgang Seibel: Verwaltete Illusionen (wie Anm. 11); Marc Kemmler: Die Entstehung der Treuhandanstalt. Von der Wahrung zur Privatisierung des DDR-Volkseigentums. Frankfurt am Main/New York 1994.

kaum noch etwas geblieben war. Insgesamt dürften diese bewegten Spätsommerwochen gerade auch für die neuen Treuhand-Manager aus dem Westen, die allesamt sehr kurzfristig in den Dienst der neuartigen Organisation getreten waren, einem ausgesprochenen Praxis-Schock gleichgekommen sein: So verfügten sie zunächst weder über belastbare Informationen noch über weitergehende Kenntnisse über die knapp 8.500 DDR-Betriebe mit ihren rund vier Millionen Beschäftigten; auch erschienen die im Osten vorgefundenen Infrastrukturen und Einrichtungen, etwa im Bereich der Tele-Kommunikation, der Straßen, der Büros oder allgemein des Wohnens und der Freizeit, in den Augen der West-Experten erschreckend aus der Zeit gefallen.[16]

Doch neben derlei eklatanten Informationslücken, alltäglichen Irritationen und technischen Hemmnissen, die die noch immer durch die deutsch-deutschen Öffentlichkeiten und Wahlkämpfe geisternden Wirtschaftswunderhoffnungen in den Augen der Praktiker bald einigermaßen illusorisch bis grotesk erscheinen ließen, war es auch das sich ganz handfest entfaltende Krisen-, ja Katastrophenszenario, das sich im August und September vor den Augen der ungläubigen Treuhand-Manager auftat. Denn die allermeisten Betriebsleitungen bestürmten nun eine noch kaum orientierte Treuhand mit eiligen Kreditanfragen in Höhe von rund zwanzig Milliarden D-Mark pro Monat. Weite Teile der Ost-Industrie, so realisierten Rohwedder und auch sein kurzzeitiger Vorgänger, der nur für wenige Wochen amtierende Ex-Bahn-Chef Reiner Maria Gohlke, waren durch den abrupten »Schock« der Wirtschafts- und Währungsunion am 1. Juli 1990 nicht etwa nur kurzzeitig oder gar »heilsam« durch offene Märkte und freien Wettbewerb aus der Bahn geworfen, sondern vielmehr in eine existenzielle Schieflage geraten. Diese verbrannten nun Unsummen an D-Mark allein für die Fortzahlung der Löhne und Gehälter ihrer zunehmend verunsicherten Belegschaften. Von übergroßem Optimismus oder gar Euphorie war damit in der beginnenden Alltagspraxis des Wirtschaftsumbaus schon im Spätsommer keine Spur mehr, auch wenn viele ehemalige Treuhand-Mitarbeiterinnen

---

[16] BIRGIT BREUEL (HRSG.): Treuhand intern. Frankfurt am Main/Berlin 1993.

gerade diese frühe Zeit als in hohem Maße abenteuerlich und herausfordernd erinnern sollten.[17]

Der hochdramatische »Aufwertungsschock« im Juli 1990, den bereits zeitgenössische Ökonomen drastisch auf bis zu 300 Prozent taxiert hatten,[18] markierte damit eine fundamentale Zäsur für den Großteil der nach über vier Jahrzehnten Planwirtschaft ohnehin unter massiven Strukturproblemen, ökologischen Altlasten sowie technologischen Defiziten leidenden DDR-Industrie. Die abrupte Einführung der D-Mark erfolgte (tragischerweise) auf den drängenden Wunsch vieler Ostdeutscher im Umtauschkurs von eins zu eins – ein finanzpolitisch durchaus gewagtes Manöver, von dem etliche Ökonomen im Westen zwar mit Nachdruck abrieten, Kohl und seine Beamten aber die politisch-symbolische Bedeutung eines paritätischen Wechselkurses letztlich höher veranschlagten als die möglichen ökonomischen Konsequenzen. Aber genau diese waren, wie Rohwedder und den Seinen in Ost-Berlin rasch klar wurde, überdeutlich: Fast kein einziges Unternehmen in der DDR war überhaupt nach der D-Mark-Einführung noch in der Lage, auch nur halbwegs kostendeckend zu arbeiten.[19]

Zur Mitte des Jahres 1990 hätte also der Kontrast zwischen allgemeinen gesellschaftlichen Erwartungen und konkreten wirtschaftlichen Entwicklungen kaum schärfer ausfallen können: Während in den Medien ausführlich über lange Schlangen und freudig jubelnde Menschen berichtet wurde, die in einer regelrechten Volksfeststimmung die Ausgabe der neuen Währung zelebrierten und sich mit Hingabe an den bunten Reizen und vielfältigen Angeboten der lange nur aus der Distanz beobachteten westlichen Konsumlandschaft erfreuten, die sich nun im Eiltempo im Osten entfaltete, hätte die Stimmung in den Führungsetagen der Großkombinate und bald auch bei der neuen Treuhand-Spitze kaum düsterer ausfallen können. Überbordende Zukunftshoffnungen und aufkeimende Existenzängste existierten in diesen Monaten des Übergangs quasi unvermittelt und gleichzeitig nebeneinander, wobei die künftige Richtung noch immer einigermaßen

---

[17] MARCUS BÖICK: Die Treuhand (wie Anm. 6).

[18] GEORGE A. AKERLOF u. a.: East Germany in from the Cold. The Economic Aftermath of Currency Union. Washington, DC 1991.

[19] DIETER GROSSER: Das Wagnis der Währungs-, Wirtschafts- und Sozialunion. Politische Zwänge im Konflikt mit ökonomischen Regeln. Stuttgart 1998.

offen erschien: Ob nun liberale Marktoptimisten oder linke Kassandrarufer Recht mit ihren Prognosen behalten würden, war letztlich noch kaum absehbar – zumindest im medienöffentlichen Raum oder in den politischen Diskussionen und intensiven Wahlkämpfen.[20]

3. Das Frühjahr 1990:
Offenheiten und Einengungen im Kampf um die Zukunft

Doch das sich seit Juli in der ostdeutschen Industrie noch weitgehend unbeachtet wie rasch vollziehende Schreckensszenario führte die meisten Hoffnungen, Kalkulationen und Prognosen aus dem ersten Halbjahr bald ad absurdum. Vorsichtige interne Schätzungen aus dem Frühsommer 1990, die die letzte DDR-Regierung unter CDU-Ministerpräsident Lothar de Maizière angestellt hatte, waren noch von einer ungefähren Drittelung der Zukunftsaussichten ausgegangen: Während nach der Währungsunion ein Drittel der Betriebe sofort wettbewerbsfähig (und damit auch: zügig an private Investoren verkäuflich) erschien, würde ein zweites Drittel für eine gewisse Zeit umfangreichere Sanierungsmaßnahmen benötigen, während ein letztes Drittel der Unternehmen hingegen unter marktwirtschaftlichen Bedingungen wohl kaum zu retten sei. Derlei Prognosen bildeten letztlich das Fundament eines zirkulären Treuhand-Privatisierungsmodells, das man im Sommer eher am Rande umfassender Verhandlungen zwischen Vertretern von DDR- und Bundesregierung als Praxisformat für den konkreten Betriebsumbau ersonnen und bis zum 17. Juni 1990 in ein eigenes Treuhand-Gesetz gegossen hatte: Aus den erwarteten Erlösen der zügigen Privatisierungen im Osten würde die dafür nun zuständige und von westlichen Experten geführte Treuhand, so die ersten, optimistischen Kalkulationen, letztlich die intensiven Sanierungsmaßnahmen des zweiten Drittels kostenneutral finanzieren können.[21]

---

[20] Dazu die Beiträge in: KLAUS-DIETMAR HENKE (HRSG.): Revolution und Vereinigung 1989/90. Als in Deutschland die Realität die Phantasie überholte. München 2009.
[21] MARC KEMMLER: Die Entstehung der Treuhandanstalt (wie Anm. 15).

In den deutsch-deutschen Verhandlungen, die im April und Mai über wenige Wochen in großer Eile zwischen Ost-Berlin und Bonn stattfanden, lag noch der Zauber eines hoffnungsfrohen Neubeginns, wenn auch unter verschiedenen Vorzeichen: Während die Vertreter des Ostens noch zwischen (DDR-)Vergangenheit und offener Zukunft vergleichsweise unsicher nach möglichen Orientierungsmarken suchten, schien für die meisten Vertreter des Westens, führende konservativ-liberale Beamte, der gesamtdeutsche Weg – zumindest im Inneren – überaus klar vorgezeichnet: dieser sollte unbedingt dem westdeutschen Erfolgsmodell der »Sozialen Marktwirtschaft« folgen. Kaum anders ist die erstaunliche Renaissance eines kurzen Essays des in diesen Kreisen hochverehrten einstigen Bundeswirtschaftsministers Ludwig Erhard zu erklären, der in dieser Zeit auf allen Ebenen in Bonn zirkulierte. In diesem Papier entwarf Erhard, wohlgemerkt im Jahr 1953, eine überaus knappe Skizze eines möglichen wirtschaftlichen Beitrittsszenarios der »Ost-Zone«: Der Staat und seine Beamten müssten sich, so der damalige Bundeswirtschaftsminister, beim Übergang vom Plan zum Markt weitgehend zurückhalten und den Wirtschaftsumbau möglichst dem freien, kreativen »Unternehmertum« und den durch diesen wirkenden Marktkräften überlassen. Nach einem »Urknall« würde dies Dynamiken und Energien freisetzen, die ein zweites »Wirtschaftswunder« auch im Osten Deutschlands ermöglichen würde.[22]

Pointierter ließ sich der Zugang vieler bundesdeutscher Regierungspolitiker und Koalitionsvertreter aus den Reihen von Union und Liberalen kaum beschreiben – und es war eben diese marktoptimistische Blaupause, die auch ihre Verhandlungsstrategien und hiermit verknüpfte Zukunftserwartungen bestimmte. Auf der anderen Seite schienen gerade auch die oft frisch ins Amt gelangten Vertreter der neuen DDR-Regierung mit diesen westlichen Wirtschaftswunder-Fantasien weniger anfangen zu können: Als etwa der bundesdeutsche Delegationsvertreter Horst Köhler, damals Staatssekretär im Bundesfinanzministerium, dem neuen DDR-Finanzminister Walter Romberg von der SPD zu Beginn der deutsch-deutschen Verhandlungen zur Wirtschafts- und Währungsunion im März eine gedruckte Kopie des

---

[22] Marcus Böick: Die Treuhand (wie Anm. 6).

Erhard-Essays überreichte, reagierte dieser ausgesprochen zurückhaltend auf das Text-Präsent aus Bonn und betonte stattdessen die Notwendigkeit, nun gemeinsam nach neuen Lösungen zu suchen. Diese West-Ost-Konstellation sollte letztlich die bereits Mitte Mai abgeschlossenen Verhandlungen bestimmen, in der die westdeutsche Seite in ordnungspolitischen Grundsatzfragen kaum zu Abstrichen am bundesdeutschen Modell bereit war, während die ostdeutschen Vertreter defensiv in sozialpolitischen sowie Detailfragen mühsame Zugeständnisse ins Vertragswerk zur Wirtschafts-, Währungs- und Sozialunion hineinverhandelten, das dann, wie beschrieben, zum 1. Juli 1990 bereits in Kraft trat – mit durchaus dramatischen Folgen vor allem für die ostdeutsche Wirtschaft und ihre von der noch kaum handlungsfähigen Treuhand verwalteten Betriebe.[23]

Derlei wirtschaftliche Krisen- und Katastrophenszenarien fielen jedoch im noch weitgehend optimistischen Frühjahr 1990 vorrangig in die Domäne von linken Oppositionellen oder kritischen Ökonomen, die auch die verbreiteten »Wirtschaftswunder«-Hoffnungen sowie die von Kohl am Abend des 1. Juli in einer TV-Ansprache versprochenen »blühenden Landschaften« erheblich in Zweifel zogen. Dennoch schien der Zeitgeist gerade in den ersten Monaten des Jahres aus einer gänzlich anderen Richtung zu wehen, wie sich im Resultat der ersten (und letzten) freien Volkskammerwahl am 18. März 1990 unerwartet deutlich zeigte: Dieser vorgezogene Urnengang war nicht nur durch eine exorbitant hohe Wahlbeteiligung, sondern auch einen intensiven Wahlkampf geprägt, der die Hoffnungen und Erwartungen in weiten Teilen der ostdeutschen Bevölkerung in schwindelerregende Höhen trieb.[24]

Es war schließlich auch das teilweise umfassende Engagement der westdeutschen »Schwesterparteien«, das zur zusätzlichen Aufladung der mehr und mehr parteipolitisch gefärbten Auseinandersetzungen beitrug, die durch eine klare Alternative dominiert wurden: Während auf der einen Seite ein linkes Lager, das von Teilen der Sozialdemokratie über vielfältige linke und grüne Gruppen bis hin zur innerlich

---

[23] Hierzu die weiteren Beiträge in: KLAUS-DIETMAR HENKE (HRSG.): Revolution und Vereinigung 1989/90 (wie Anm. 20).

[24] ED STUHLER: Die letzten Monate der DDR. Die Regierung de Maizière und ihr Weg zur deutschen Einheit. Berlin 2010.

heftig mit sich ringenden SED-Nachfolgepartei PDS reichte, graduelle Reformen innerhalb einer weiterhin staatlich eigenständigen DDR anstrebte, die möglicherweise langfristig in eine deutsch-deutsche oder gar europäische Konföderation mit einer neuen Verfassung münden würden, votierte eine rechte wie liberale Parteiengruppe, die in der CDU-geführten »Allianz für Deutschland« zusammengeschlossen war, für eine rasche, ja sofortige »Wiedervereinigung«, also eine zügige Wiederherstellung eines deutschen Nationalstaates nach westdeutschem Strickmuster im Modus eines »Betritts« zum Geltungsbereich des Grundgesetzes. Und die überwältigende Mehrheit der ostdeutschen Wählerinnen favorisierte eben keine weiteren, langfristigen oder graduellen »Experimente«, Reformen oder »Dritten Wege«, sondern eine rasche und direkte Marschroute Richtung Westen.[25]

Der spektakuläre wie überwiegend unerwartete Wahlsieg der vom zuvor kaum bekannten CDU-Politiker Lothar de Maizière geführten »Allianz« im März sollte den Weg hin zu einer raschen inneren Einheit in Form der Wirtschafts- und Währungsunion ebnen, während viele außenpolitische Fragen – etwa der künftigen Bündniszugehörigkeit oder der Ost-Grenzen – noch mit den Alliierten, insbesondere den USA und der Sowjetunion, zu klären waren. Die deutliche Wahlentscheidung zugunsten einer raschen Einheit als Beitritt war jedoch zugleich auch ein entscheidender deutschland- wie wirtschaftspolitischer Wendepunkt, der die vielfältigen Zukunfts- und Möglichkeitshorizonte, die sich seit dem Herbst 1989 fast rauschhaft eröffnet hatten, entscheidend einengen und beschränken sollte. Die in den Wochen zuvor auffällig zurückhaltende Bonner Bundesregierung unter Helmut Kohl hatte bereits Anfang Februar 1990 mit ihrem überraschenden »Angebot« einer sofortigen Währungsunion mit der D-Mark als »Signal zum Bleiben« einen letztlich entscheidenden Wahlkampfimpuls im Osten setzen können: Dieses von vielen bundesdeutschen Ökonomen scharf kritisierte Angebot sollte sich für die Bundesregierung in Bonn tatsächlich als politischer Befreiungsschlag im umfassenden Sinne erweisen, mit dem man nicht zuletzt auch die im Westen

---

[25] KONRAD SZIEDAT: Erwartungen im Umbruch (wie Anm. 4); THORSTEN HOLZHAUSER: Die »Nachfolgepartei«. Die Integration der PDS in das politische System der Bundesrepublik Deutschland 1990–2005. Berlin/Boston 2019.

merklich wachsenden Vorbehalte gegenüber den zehn- bis hunderttausenden ostdeutschen »Übersiedlern« begegnen konnte, die seit der Maueröffnung im Monatstakt von Ost nach West strebten und zunehmend als mögliche Konkurrenten auf ohnehin überhitzten Wohnungs- und Arbeitsmärkten entsprechend wachsenden Argwohn bei ihren »Landsleuten« auszulösen drohten.[26]

Der spektakuläre Schachzug in Bonn schien umgekehrt die in der DDR am Zentralen Runden Tisch versammelten Vertreter der von SED/PDS-Reformer Hans Modrow geführten DDR-Regierung sowie der verschiedenen Oppositionsgruppierungen auf dem falschen Fuß zu erwischen: Dort war man letztlich noch ganz damit beschäftigt, die enorme, seit dem Herbst 1989 flutartig erfolgte Öffnung von möglichen Zukunftshorizonten irgendwie zu verarbeiten und erst einmal einen generellen Modus Vivendi eines demokratischen Übergangs aus der zerfallenden Einheitsparteiendiktatur zu finden. Der Druck auf die Akteure aus Regierung und Opposition am Runden Tisch war im Januar 1990, infolge von massenhaften Übersiedlungen sowie einem rasch voranschreitenden Verfall der staatlichen Autorität in der DDR, so stark angewachsen, dass man sich dort kurzfristig zu einem Vorziehen der ursprünglich erst für den Mai geplanten Parlamentswahlen entschloss, um so die aufgeheizte Stimmung in Öffentlichkeit und Bevölkerung zu beruhigen, die in diesen bewegten, ja überaus revolutionären Wochen zwischen explosiver Euphorie und erratischer Eskalation zu schwanken schien.

Bezeichnenderweise spielten Wirtschaftsfragen am Runden Tisch nicht immer eine zentrale Rolle. Doch im Januar und Februar 1990 richtete sich auch die Aufmerksamkeit der dortigen Oppositionellen zunehmend auf das Problem der »Wirtschaftsreform«, die die neue DDR-Regierung unter Modrow im November zur Priorität erklärt hatte und die vor allem durch die Wirtschaftsministerin Christa Luft personifiziert wurde. Mit dem Angebot der Bundesregierung im Februar schienen diese Bemühungen jedoch schon wieder in Frage gestellt, weshalb Demokratie-Jetzt-Vertreter Wolfgang Ullmann die kurzfristige Schaffung einer neuen Einrichtung vorschlug, die das volkseigene Industrie-Vermögen der DDR wie eine Art »Staatsnotariat«

---

[26] MARCUS BÖICK: Die Treuhand (wie Anm. 6).

übernehmen sollte. Diese neue Treuhandanstalt sollte, auch dies erscheint charakteristisch, eine Doppelfunktion haben: Einerseits sollte sie die Betriebe vor dem Zugriff westlicher Investoren oder östlicher »Bonzen-Seilschaften« bewahren, während sie andererseits die Eigentumsverhältnisse durch die Verteilung von Anteilsscheinen an die ostdeutsche Bevölkerung umfassend »demokratisieren«, oder besser: revolutionieren sollte.[27]

Ullmanns radikaler Vorschlag, den die Modrow-Regierung unmittelbar aufgriff und zum 1. März eine neue Treuhand-Stelle per Verordnung einrichtete, die jedoch keine Anteilsscheine ausgeben sollte, verwies nochmals auf die Offenheit der Situation, gerade in ökonomischer Hinsicht: Wachsende Ängste vor westlichen Kapitalisten oder östlichen Seilschaften und erhoffte Aufbrüche in Form von umfassenden Demokratisierungen schienen sich in dieser Situation am Runden Tisch noch die Waage zu halten. Im Treuhand-Vorschlag kulminierten damit eine ganze Reihe von alternativen Szenarien und Vorschlägen, die in der DDR und seit dem November 1989 zunehmend virulent wurden. Die Diskussionslust schien für einige Wochen ungebrochen, wobei östliche Reform-Kommunisten oder westliche Wirtschaftsexperten verschiedenste Szenarien durchspielten: Der Modrow-Regierung und ihrer Ministerin Luft schwebte etwa ein gradueller Übergang hin zu einer »sozialistischen Marktwirtschaft« vor, die zwar Wettbewerb, Leistungsanreize und »Joint Ventures« mit westlichen Firmen ermöglichen, aber auch die »sozialen Errungenschaften« der DDR wie das »Volksvermögen« oder das »Recht auf Arbeit« bewahren sollte.[28]

Aber auch etliche andere Expertinnen entwickelten und propagierten meist kurzfristig sehr verschiedene Szenarien für den Wirtschaftsumbau, angesiedelt in einem kaum überschaubaren Debattenfeld: Die »Wirtschaftsweisen« der Bundesregierung rieten etwa in einem vielbeachteten Sondergutachten im Januar 1990 zu einem langfristigen, über mehrere Jahre gestreckten ökonomischen Umbau der DDR, wobei die »Soziale Marktwirtschaft« das optimale Orientierungsmuster biete. Deutlich unkonventioneller waren dagegen weitere Planspiele,

---

[27] Wolfgang Seibel: Verwaltete Illusionen (wie Anm. 11).
[28] Marc Kemmler: Die Entstehung der Treuhandanstalt (wie Anm. 15).

die etwa ostdeutsche Oppositionsvertreter anstellten, als sie mit japanischen Bankiers die Möglichkeiten umfassender Investments in Ostdeutschland eruierten, die eine einseitige Abhängigkeit der DDR von der Bundesrepublik verhindern sollten. Westdeutsche Gewerkschaftsexperten brachten demgegenüber die Gründung von großen staatlichen Holdinggesellschaften ins Gespräch, während linke Politikerinnen die Gründung von betrieblichen Genossenschaften in den Händen ihrer Mitarbeiterinnen forderten; nicht wenige sympathisierten dabei mit in den vorherigen Jahrzehnten umfassend diskutierten »Dritten Wegen« zwischen Kapitalismus und Sozialismus. Aber auch in besagten Betrieben selbst wurde zwischen (alten oder bereits erneuerten) Geschäftsführungen, Belegschaften und Brigaden – nach Jahrzehnten eines zunehmend an Agonie grenzenden Planwirtschafts-Alltags – heftig über den richtigen Weg in die Zukunft diskutiert und gerungen. Interessant erschien schließlich auch, wer um die Jahreswende 1989/90 explizit »Empfehlungen« an die Adresse der DDR und ihrer Bevölkerung bewusst vermied, wie etwa zahlreiche linke oder grüne Gruppierungen in Westdeutschland, die dies als übergriffige »Einmischung« ablehnten und bereits frühzeitig einen Siegeszug des westlichen bzw. kapitalistischen Systems gen Osten befürchteten.[29]

Kurzum: Die politischen, ökonomischen und auch gesellschaftlichen Zukunftshorizonte schienen auf einem weiten wie unübersichtlichen Feld zwischen östlicher Plan- und westlicher Marktwirtschaft selten so offen wie im Herbst 1989. Zwar herrschte mit Blick auf die nicht selten als katastrophal empfundenen Zustände in zahlreichen Branchen und Betrieben sicher kein überschäumender Optimismus oder gar ein deutlicher Drang zu mehr »Staat« oder »Plan«; »Markt« und »Wettbewerb« schienen als abstrakte Leitideen fast überall auf dem Vormarsch zu sein, weshalb viele Politikerinnen, Manager oder Wissenschaftlerinnen aus Ost und West dennoch an einen ganz erheblichen Wachstums- und Innovationsschub im Osten glaubten, sobald nun endlich die langjährigen Fesseln einer überpolitisierten Zentralplan- und Mangelwirtschaft abgestreift und sich individuelle wie betriebliche Leistungen auf geöffneten Märkten und in verschiedenen Eigentumsformaten endlich wieder lohnen würden. In die

---

[29] MARCUS BÖICK: Die Treuhand (wie Anm. 6).

vorherige Starre und Lethargie des oft von technischen wie ökologischen Mängeln, vermehrten Produktionsausfällen sowie latenter Unterbeschäftigung und Frustration geprägten DDR-Wirtschaftsalltags hinein hatte die kurzfristige Maueröffnung am 9. November 1989 nochmals wie ein massiver Ideen- und Debattenbeschleuniger in Richtung Zukunft gewirkt. Dieser steigerte den Handlungsdruck auch in den Betrieben weiter, als etliche, zumeist jüngere Mitarbeiterinnen oft über Nacht nicht mehr an ihre Arbeitsplätze zurückkehrten, im Gegenzug aber nun auch westliche Konkurrenten und Experten die sich plötzlich eröffnenden Märkte und Möglichkeiten in der DDR (und darüber hinaus) zu sondieren begannen."[30]

Schluss: Alternativen jenseits der Alternativlosigkeit?

Das Ende dieses Textes markiert damit auch den zeitlichen Beginn der intensiven Debatten und Imaginationen um den Wirtschafts- und Gesellschaftsumbau in der DDR. Die hier rückwärts entfalteten Konjunkturen des Ökonomischen im Umbruch haben die erhebliche Dynamik der Diskussionen und die sich wandelnde Vielfalt der denk- und sagbaren Optionen im Laufe des langen Jahres 1990 veranschaulicht. Beginnt man die Geschichte, wie hier, nicht mit den vielfältigen Aufbrüchen des Herbstes 1989, sondern mit den dramatischen ökonomischen wie emotionalen Um- und Einbrüchen des Frühjahrs 1991, stellt sich auch die vieldiskutierte Frage nach möglichen Alternativlosigkeiten auf dem Weg vom Plan zum Markt aus einer anderen Perspektive, die die Geschichte des Jahres 1990 eben stärker als offenen wie vielstimmigen Suchprozess zwischen Ost und West bzw. Plan und Markt beschreibt, der jedoch bald an ein rasches Ende gelangte, das wiederum den Auftakt zu einer anderen Geschichte der Transformationszeit der 1990er Jahre markiert.

Ein auf diese Weise versetzter Fluchtpunkt verschiebt, so ist zu hoffen, eine sonst meist sehr teleologisch aufgeladene Zielperspektive. Er lässt das lange Jahr 1990 mit Blick auf die zukünftige Gestaltung der

---

[30] Dazu auch: LOUIS PAHLOW/ANDRÉ STEINER: Die Carl-Zeiss-Stiftung in Wiedervereinigung und Globalisierung 1989 bis 2004. Göttingen 2017.

Ökonomie in Ostdeutschland vielmehr als ein zunächst post-revolutionär-vielstimmiges Akteurs- wie optionsreiches Debattenfeld erscheinen, das sich jedoch im Laufe weniger Wochen und Monate bereits wieder durch massenpolitische (Wahl-)Entscheidungen (im März 1990) zunehmend verengte, sich durch gouvernementale (Vertrags-)Verhandlungen (im April und Mai) zuspitzte und schließlich durch polit-ökonomisches (Krisen-)Management (ab Sommer und Herbst, aber dann insbesondere im Frühjahr 1991) seinen Abschluss fand. Öffnung und Schließung von denk- und sagbaren Zukunftshorizonten zwischen den beiden Polen einer reformierten DDR auf der Suche nach einem »Dritten Weg« einerseits oder einer zügigen Vereinigung nach westdeutschem Muster andererseits prägen damit nicht nur die politischen, sondern gerade auch die ökonomischen Diskussionen und Erwartungen in Ost und West – unter den Experten und Politikerinnen, aber auch bei einer breiteren Öffentlichkeit sowie bis hinunter auf die alltägliche Ebene der Betriebe, Belegschaften und auch der einzelnen mittel- wie unmittelbar Betroffenen.

Die später intensiv wahrgenommene, erinnerungskulturell beschworene oder aber scharf bestrittene »Alternativlosigkeit« des 1990 gewählten Weges zur raschen deutschen Einheit wurde durch das Handeln und Entscheiden der maßgeblichen Akteure – etwa die plötzliche Maueröffnung durch das SED-Regime im Herbst 1989, das deutliche Votum der ostdeutschen Bevölkerung im März 1990, die polit-ökonomische (Schock-)Strategie einer sofortigen Wirtschafts- und Währungsunion im Juli 1990 – in der unbekannten wie (post-)revolutionären Umbruchssituation selbst erzeugt. Kollektive Erwartungen und konkrete Entscheidungen waren also miteinander verknüpft, aber keineswegs synchronisiert: Auf die weitgehend stillgelegte Zukunft der späten DDR in den 1980er Jahren folgte ab November 1989 eine regelrecht unüberschaubar-überfordernde Zukunfts- und Erwartungsexplosion, die durch ein Klima neuartiger intensiver Mobilisierungen und Politisierungen in etlichen Diskussionen und vehementen Wahlkämpfen noch bis weit in das Jahr 1990 hinausstrahlte.

Doch bei dieser alternativ- und variantenreichen Offenheit des Ökonomischen blieb es, wie gezeigt, letztlich nicht. Denn Zug um Zug verengten sich bereits ab dem Frühjahr die diskutierten Optionen und Denkbarkeiten, während zugleich die allgemeinen Erwartungen in

Öffentlichkeit und Bevölkerung weiter stiegen, die sich mit den nun eingeschlagenen Marschrouten verbanden: unter einem zweiten »Wirtschaftswunder« mit rasch »blühenden Landschaften« (für den Osten) und ohne größere Wohlstandseinbußen (für den Westen) schien es im Laufe des Jahres 1990 nicht mehr zu gehen. Die warnenden Stimmen der Skeptiker und Kritikerinnen aus Ökonomie oder Politik verhallten in diesem post-revolutionären Erwartungsrausch nahezu ungehört; letztlich waren es ab dem Sommer 1990 zur Treuhand kommende westdeutsche Manager und Experten, die nun sehr deutlich in der alltäglichen Praxis der ihnen anvertrauten und unter dem »Schock« der ökonomischen Umstellungen notleidenden Unternehmen und Betriebe realisierten, dass derlei Erwartungen und Hoffnungen auf einen raschen wie kostenneutralen Aufhol- und Angleichungsprozess in der einstigen DDR-Industrie nicht nur auf tönernen Füßen standen – sondern sich insgesamt als Chimäre erwiesen, deren Auflösung dann einen dramatischen Stimmungsabfall im Frühjahr 1991 befeuerte, als nun die Treuhand für ihre verkündeten Schließungs- und Entlassungsentscheidungen ins Kreuzfeuer der Kritik in Ost und West geriet. Kollektive Erwartungshorizonte wie ökonomische Dynamiken hatten sich zuvor für einige Zeit weit auseinander bewegt, um nun umso härter wieder aufeinanderzuprallen. Während, wie ein Sammelband von Klaus-Dietmar Henke einst im Titel griffig formulierte, im Herbst 1989 die »Fantasie die Realität überholt« hat, schlugen die tristen Realitäten der Umbrüche und ihrer vielfältigen sozialen wie kulturellen Folgen spätestens im Frühjahr 1991 mit aller Macht gegen die vielfältigen politischen Fantasien des Jahres 1990 zurück.[31]

Öffnungen und Schließungen, Hoffnungen und Enttäuschungen hatten also das lange Umbruchsjahr 1990 im deutsch-deutschen Kontext geprägt. Für die einen, zumeist aufseiten der politischen Linken sowie Grünen, schien dies einem dramatischen »Utopieverlust«, einem existenziellen Einbruch an progressiven Zukunftsentwürfen jenseits des westlichen bzw. bundesdeutschen (Spät-)Kapitalismus gleichzukommen, wie Jürgen Habermas bereits im Frühjahr 1990

---

[31] KLAUS-DIETMAR HENKE (HRSG.): Revolution und Vereinigung 1989/90 (wie Anm. 20).

hellsichtig prophezeite.[32] Diese fühlten sich mehr und mehr als unverstandene Zaungäste einer von ihnen im Grunde kaum gewollten ruckartigen Wiederherstellung eines deutschen Nationalstaates unter marktwirtschaftlichen bzw. kapitalistischen Vorzeichen. Der plötzliche wie umfassende Untergang des sowjetisch geprägten Realsozialismus und die Nicht-Realisierung »Dritter Wege« oder anderer alternativer (etwa genossenschaftlicher oder ökologischer) Gesellschafts- und Wirtschaftsmodelle hatte für dieses politische Lager dramatische Folgen, von denen sich die politisch linken Kräfte für längere Zeit kaum erholen konnten. Auf der anderen Seite mussten aber auch konservative sowie (neo-)liberale Politikerinnen und Wissenschaftler verkraften, dass die von ihnen vielbeschworene Dynamik von globalen Märkten, freiem Wettbewerb und exklusivem Privateigentum – eben die vielfältigen Verheißungen von unbegrenzter Freiheit und raschem Wohlstand – in den Augen vieler Menschen im Osten nicht zur Realität wurde, die sich fortan mit Arbeitslosigkeit, Abwanderung und einem wachsenden Ausmaß an vielfältigen sozialen Ungleichheiten konfrontiert sahen. Vielmehr blieb der 1990 in Deutschland in Form einer raschen ökonomischen »Schocktherapie« eingeschlagene Weg vom Plan zum Markt eben erheblich krisenanfälliger, widersprüchlicher, langwieriger und materiell wie mental kostspieliger, als sich viele in Ost und West noch bis weit ins Jahr 1990 hinein erhofft hatten.

So vielfältig die 1990 diskutierten Szenarien und Varianten, so schwer zu fassen erschienen auch die weiteren politischen, ökonomischen wie gesellschaftlichen Entwicklungen. Es offenbarte sich in der von Sozial- und Kulturwissenschaftlerinnen intensiv beforschten Zeit der »Transformation« der 1990er Jahre vielmehr ein kaum auf einen griffigen Begriff zu bringendes Nebeneinander von individuellen wie kollektiven Auf-, Um- und Abbrüchen, in dem belastende Vergangenheiten, krisenhafte Gegenwarten sowie scheinbar abgeschlossene Zukünfte die zeitgenössischen Wahrnehmungen und Deutungen bestimmten.[33] Und auch hier erwies sich das Jahr 1990 mit seinen (post-)revolutionären Beschleunigungsdynamiken als ein entscheidendes

---

[32] JÜRGEN HABERMAS: Vergangenheit als Zukunft. Zürich 1991.
[33] KERSTIN BRÜCKWEH/CLEMENS VILLINGER/KATHRIN ZÖLLER (HRSG.): Die lange Geschichte der »Wende«. Geschichtswissenschaft im Dialog. Berlin 2020.

Scharnier zwischen den Zeiten, das ein scheinbar klares Davor und Danach markierte. Ob dieses nachfolgende Geschehen, das nun zumeist exklusiv in Ostdeutschland verortet wurde, in Form einer »nachholenden Modernisierung« auch als »alternativlos« gedacht, oder aber als schwierige kollektive oder subjektive Verarbeitung von »Umbrüchen« imaginiert wurde, hing dabei wiederum von der jeweiligen Perspektive ab. Der Streit um mögliche Alternativlosigkeiten in den gesellschaftlichen Prozessen sowie deren Wahrnehmungen und Deutungen setzte (und setzt) sich damit weiter fort.[34]

Derlei postrevolutionäre Erwartungseinbrüche sind jedoch, so ist abschließend festzuhalten, keineswegs eine exklusiv deutsch-deutsche Erscheinung, auch wenn sich in dieser besonderen Konstellation bestimmte Entwicklungen besonders plastisch herausarbeiten lassen. Die mittel- und langfristigen Folgewirkungen der Umbrüche 1989/91 können ebenso für den gesamten mittelosteuropäischen Raum diskutiert werden. Auch in den verschiedenen Ländern und Gesellschaften des verfallenden sowjetischen Imperiums zeigten sich dabei der Schock einer (mehr oder weniger) abrupten Zukunftsöffnung und die Erbitterung über deren rasche wie rigorose Wiederverschließung im Begründungsmodus der »Alternativlosigkeit«, die noch lange intensiv nachhallen sollten. Ob nun aber das liberale »Licht«, dass sich vielen Menschen um 1990 zeigte, im Osten des Kontinents mittlerweile endgültig verloschen ist, wie etwa Ivan Krastev und Stephen Holmes jüngst düster argumentierten – auch dies bleibt offen. Das Abarbeiten an vermeintlichen Alternativlosigkeiten birgt aus zeithistorischer Perspektive eine erhebliche Gefahr – nämlich die, alte Zwangsläufigkeiten wiederum durch neue zu ersetzen.[35]

---

[34] STEFFEN MAU: Lütten Klein (wie Anm. 7); ILKO-SASCHA KOWALCZUK: Die Übernahme (wie Anm. 7); PHILIPP THER: Die neue Ordnung auf dem alten Kontinent. Eine Geschichte des neoliberalen Europa. Berlin 2014.

[35] IVAN KRASTEV/STEPHEN HOLMES: The Light that Failed. A Reckoning. New York/London 2019.

Nina Leonhard

Die Auflösung staatlicher Strukturen: Von der NVA zur »Armee der Einheit«

1. Einleitung

Die Legitimitätskrise des Realsozialismus in der DDR begleitete die unter Michail Gorbatschow eingeleitete Reformpolitik in der Sowjetunion ab Mitte der 1980er Jahre. In militärpolitischer Hinsicht ging sie mit einer allgemein sinkenden Wehrbereitschaft in der Bevölkerung, mit einem drastischen Rückgang der Bewerberzahlen für die Offizierslaufbahn sowie mit einer steigenden Fluktuationsrate unter Offiziersbewerbern und Offiziersschülern der Nationalen Volksarmee (NVA) der DDR einher. Auch die wachsenden Schwierigkeiten der DDR-Wirtschaft schlugen sich in den Streitkräften nieder und führten zu Umstrukturierungen und einer Reduzierung des Personalbestands. Zudem nahmen Arbeitseinsätze in den Betrieben immer mehr zu: Allein 1989 waren bis zu 40.000 NVA-Soldaten, insbesondere Wehrpflichtige, in der Volkswirtschaft eingesetzt.[1]

Innerhalb der NVA selbst waren erste Zeichen der politischen Verunsicherung spätestens ab dem Verbot der deutschen Ausgabe der russischen Zeitschrift *Sputnik* im November 1988 zu erkennen. Zu den *Sputnik*-Abonnenten zählten vor allem SED-Mitglieder, darunter viele Militärs, die mit massenhaften Eingaben an die Parteiführung auf das Verbot reagierten. Die Zuspitzung der innenpolitischen Lage seit dem Abbau der Grenzanlagen zwischen Österreich und Ungarn führte ab Sommer 1989 zu einer wachsenden Zahl von Fahnenfluchten. Innerhalb der Streitkräfte war die militärische Disziplin allerdings insgesamt so

---

[1] RÜDIGER WENZKE: Die Wehrpflicht im Spiegel der marxistisch-leninistischen Theorie und der ›realsozialistischen‹ Praxis in der DDR. In: ROLAND G. FOERSTER (HRSG.): Die Wehrpflicht. Entstehung, Erscheinungsformen und politisch-militärische Wirkung. München 1994, S. 119-130, hier S. 130.

groß, dass offene Disziplinverstöße bis zum Herbst 1989 nur vereinzelt auftraten und lang aufgestauter Unmut wie auch bereits entwickelte Reformgedanken erst nach dem Machtverlust der SED deutlich sichtbar werden und ihre Wirkung entfalten konnten.

Die Zeit von November 1989 mit dem Rücktritt von Politbüro und Regierung sowie der Grenzöffnung über die ersten freien Wahlen im März 1990 bis zur offiziellen Vereinigung der beiden deutschen Staaten am 3. Oktober 1990 war durch eine äußerst rasche Abfolge der Ereignisse gekennzeichnet. Diese gestattete den verantwortlichen Akteuren insbesondere auf ostdeutscher Seite oftmals nur eine reagierende Rolle. Dies gilt namentlich für den Verlauf der »militärischen Vereinigung«[2]. Sie stellte aufgrund der Bedeutung außen- und sicherheitspolitischer Fragen im Rahmen der Verhandlungen zwischen den beiden deutschen Staaten und den Alliierten, insbesondere der Sowjetunion, einen zentralen Baustein für die Wiederherstellung der staatlichen Einheit Deutschlands als solcher dar. Für die Entwicklungen im Bereich des Militärs wie auch für die nachträgliche Sicht auf die NVA und ihr Ende erscheinen vor allem drei Aspekte relevant: die Rolle der NVA während der Ereignisse im Oktober und November 1989, die zur Öffnung der Grenze führten, die Reformbemühungen innerhalb der NVA bis zu den ersten freien Volkskammerwahlen am 18. März 1990 sowie schließlich der Widerspruch zwischen dem ostdeutschen Beharren auf einer Zukunft der NVA auch nach einer Vereinigung beider deutscher Staaten einerseits und den Vorbereitungen für eine vollständige Auflösung der NVA auf westdeutscher Seite andererseits.[3]

---

[2] HANS EHLERT: Von der »Wende« zur Einheit – Ein sicherheitspolitischer Rückblick auf das letzte Jahr der Nationalen Volksarmee. In: HANS EHLERT (HRSG.): Armee ohne Zukunft. Das Ende der NVA und die deutsche Einheit. Zeitzeugenberichte und Dokumente. Berlin 2002, S. 1–73.

[3] Die folgende Darstellung ist eine gekürzte und leicht modifizierte Fassung von NINA LEONHARD: Integration und Gedächtnis. NVA-Offiziere im vereinigten Deutschland. Konstanz/Köln 2016, Kap. 5.2.

2. Zur Rolle der NVA im Herbst 1989

Über die Faktoren, die zur Auflösung der DDR beigetragen haben, ist lange gestritten worden:[4] Die einen führen die desolate Wirtschaftslage und den bevorstehenden wirtschaftliche Kollaps an. Die anderen heben das ›neue Denken‹ in der Sowjetunion und die Reformbestrebungen in den Nachbarländern Polen und Ungarn hervor, welche zum Verfall der Legitimität und schließlich auch der Herrschaft des Staatssozialismus in der DDR entscheidend beigetragen hätten. Die einen feiern die aus dem Umfeld der evangelischen Kirche hervorgegangene Bürgerbewegung als revolutionäre Kraft. Demgegenüber betonen andere die Dynamiken, die sich aus der Massenflucht von DDR-Bürgerinnen und -Bürgern über die ungarisch-österreichische Grenze beziehungsweise über die bundesdeutschen Botschaften in Prag, Budapest und Warschau in den Westen ergaben. Unbestritten ist jedoch, dass für den Verlauf der Ereignisse im Herbst 1989 der friedliche Charakter entscheidend war, also die Tatsache, dass sich das Staats- und Gesellschaftssystem der DDR auflöste, ohne dass ein einziger Schuss abgegeben wurde. Die Umstände der Demonstrationen in Dresden am 4./5. Oktober und in Leipzig am 9. Oktober sowie bei der Grenzöffnung in Berlin am 9. November sind im Großen und Ganzen bekannt, auch wenn die politischen Hintergründe für einen in Betracht gezogenen, letztlich aber nicht befohlenen Militäreinsatz gegen die Bevölkerung nicht bis ins letzte Detail geklärt sind.[5] Fest steht: Verteidigungsminister Heinz Keßler verfügte Ende September 1989 nach Anweisung von Staats- und Parteichef Erich Honecker mit

---

[4] Siehe z. B. die Beiträge in HANS JOAS/MARTIN KOHLI (HRSG.): Der Zusammenbruch der DDR. Frankfurt am Main 1993; KONRAD JARAUSCH/MARTIN SABROW (HRSG.): Weg in den Untergang. Der innere Zerfall der DDR. Göttingen 1999.

[5] Grundlegend hierzu: HANS-HERMAN HERTLE: Chronik des Mauerfalls. Die dramatischen Ereignisse um den 9. November 1989. Berlin 1996; für die NVA: OVE OVENS: Die Nationale Volksarmee zwischen »Wende« und Auflösung. Der Untergang der NVA im Lichte des Zusammenbruchs der DDR. Dissertation, Universität Regensburg. Regensburg 2003. URL: https://epub.uni-regensburg.de/10188/2/Diss-Anlg.pdf (letzter Zugriff: 16.05.2021); HEINER BRÖCKERMANN: Die Nationale Volksarmee und die Gewaltfrage im Herbst 1989. In: MARTIN SABROW (HRSG.): 1989 und die Rolle der Gewalt. Göttingen 2012, S. 129–152; RÜDIGER WENZKE (HRSG.): »Damit hatten wir die Initiative verloren.« Zur Rolle der bewaffneten Kräfte in der DDR 1989/90. Berlin 2014.

Blick auf zu erwartende Störungen der Feiern anlässlich des 40. Jahrestags der DDR am 7. Oktober »erhöhte Gefechtsbereitschaft« für die NVA und die Grenztruppen. Zudem ordnete er die Bereithaltung von Reservekräften an verschiedenen Standorten an, welche die Ordnungs- und Sicherungskräfte im Inneren bei einem eventuellen Polizeieinsatz unterstützen sollten. Bis zu ihrer offiziellen Auflösung am 11. November gab es bis zu 183 solcher militärischer Hundertschaften. Anfang Dezember 1989 richtete Verteidigungsminister Theodor Hoffmann einen Ausschuss »zur Untersuchung von Fällen von Amtsmißbrauch, Korruption und persönlicher Bereicherung«[6] in der NVA und den Grenztruppen ein. Wie der Abschlussbericht feststellte, kamen NVA-Hundertschaften nur im Rahmen der gewaltsamen Auseinandersetzungen in Dresden am 4./5. Oktober 1989 zum Einsatz. In Berlin, Karl-Marx-Stadt (heute: Chemnitz), Plauen und Frankfurt (Oder) wurden die Reservekräfte nicht oder nur zur Sicherung von Gebäuden und Grenzzugängen ohne direkten Kontakt zur Zivilbevölkerung eingesetzt. Bei ihrem ersten Einsatz in Dresden waren die NVA-Hundertschaften noch mit Handfeuerwaffen ausgerüstet. Am 6. Oktober wurde befohlen, die Waffen in den Kasernen zurückzulassen und die Hundertschaften mit Schlagstöcken auszustatten. Ab dem 13. Oktober wurde der Einsatz von Schusswaffen im Zusammenhang mit möglichen Demonstrationen vom Nationalen Verteidigungsrat grundsätzlich verboten.[7] Neben der Aufstellung und der begrenzten Mobilisierung der Hundertschaften wurde am 10. November im Raum Berlin für die 1. Mot. Schützendivision (Potsdam), das Luftsturmregiment 40 (Lehnin) und das Grenzkommando Mitte die erhöhte Gefechtsbereitschaft ausgelöst, die am Tag darauf jedoch wieder aufgehoben wurde, ohne dass diese Kräfte zum Einsatz kamen.

Die Frage nach Verhalten und Haltung der NVA und ihrer Angehörigen während der Ereignisse im Herbst 1989 ist insofern von

---

[6] Abschlußbericht des Ausschusses zur Untersuchung von Fällen von Amtsmißbrauch, Korruption und persönlicher Bereicherung in der Nationalen Volksarmee und den Grenztruppen der DDR vom 15.03.1990. BAMA, BVW 1/44503, auszugsweise nachgedruckt in: HANS EHLERT (HRSG.): Armee ohne Zukunft. Das Ende der NVA und die deutsche Einheit. Zeitzeugenberichte und Dokumente. Berlin 2002, S. 349 ff.

[7] OVE OVENS: Die Nationale Volksarmee zwischen »Wende« und Auflösung (wie Anm. 5), S. 266.

Relevanz, als Befürchtungen vor einem militärischen Eingreifen nicht nur zum damaligen Zeitpunkt in der Bevölkerung groß waren, sondern bis zur Vereinigung anhielten.[8] Darüber hinaus und vor allem hängt die nachträgliche Bewertung der NVA als ›Volksarmee‹ und die Frage, inwiefern die Streitkräfte der DDR einen Beitrag zur deutschen Einheit leisteten, davon ab. Vor dem Hintergrund der Mobilisierung von NVA-Kräften betonten hochrangige Militärs immer wieder, die NVA sei erstens für einen Einsatz im Inneren weder ausgerüstet noch vorbereitet gewesen und die Soldaten wären zweitens gemäß ihres Selbstverständnisses niemals bereit gewesen, einen entsprechenden Einsatzbefehl gegen das eigene Volk zu befolgen. Aus historiographischer Sicht wird die Sache etwas anders dargestellt: Die Staats- und Parteiführung um Egon Krenz habe aus Gründen des eigenen Machterhalts selbst kein Interesse daran gehabt haben können, die Demonstrationen in Leipzig, Berlin und anderswo mit Gewalt niederzuschlagen oder auch später die Grenzöffnung mit allen Mitteln zu verhindern – insbesondere nachdem seitens der Sowjetunion signalisiert worden sei, man werde sich aus den inneren Vorgängen in der DDR heraushalten. Die Armee bzw. die Armeeführung habe folglich gar kein Blutvergießen verhindern müssen.[9] Diese habe sich vielmehr auch in der Krise so verhalten, wie sie es gewohnt war, und befolgte strikt die Befehle der Parteiführung: »Als keine Befehle mehr erteilt wurden, blieben auch die entsprechenden Maßnahmen aus.«[10] Einzelne Führungsmitglieder des Ministeriums hätten allerdings durch Zurückhaltung und Zögern zur Deeskalation beigetragen. Insgesamt sei aber die Rolle der NVA »im Zusammenhang mit dem Mauerfall [...] – bei durchaus bereits zu konstatierenden Zersetzungserscheinungen an der militärischen Basis – mehr durch Passivität als durch eine bereits erfolgte Bewußtseinsveränderung in ihrer Führung bestimmt« gewesen – so lautet etwa das Fazit von Hans Ehlert auf der Grundlage von Aktenlage und Interviews.[11]

---

[8] Vgl. GUNNAR DIGUTSCH: Das Ende der Nationalen Volksarmee und der Aufbau der Bundeswehr in den neuen Ländern. Frankfurt am Main 2004, S. 230 f.

[9] OVE OVENS: Die Nationale Volksarmee zwischen »Wende« und Auflösung (wie Anm. 5), S. 261 ff.

[10] HANS EHLERT: Von der »Wende« zur Einheit (wie Anm. 2), S. 11.

[11] Ebd., S. 12.

Unter historischen Gesichtspunkten ist die Frage, wie sich die NVA im Fall eines Einsatzbefehls verhalten *hätte*, letzten Endes müßig. Aus einer soziologischen, auf die Rekonstruktion von Erinnerung abhebenden Perspektive ist die nachträgliche Bestimmung eines positiven Beitrags der NVA zur friedlichen Revolution, wie sie vor allem in den 1990er Jahren von ehemaligen NVA-Angehörigen vorgenommen wurde,[12] allerdings in anderer Hinsicht von Relevanz: Sie lässt die Bemühungen erkennen, die NVA und ihre Soldaten auf Seiten des Volkes und eben nicht auf Seiten der in die Krise geratenen Parteibeziehungsweise Staatsführung der DDR zu platzieren. Diese Haltung wurde durch den letzten Verteidigungsminister der DDR, Rainer Eppelmann, und andere führende zivile Ministeriumsvertreter insofern gestützt, als diese – zum Befremden westdeutscher Beobachter[13] – nach ihrem Amtsantritt im Frühjahr 1990 den NVA-Angehörigen ihren Dank für das Verhalten der Streitkräfte im Herbst 1989 aussprachen. Umgekehrt ist die nachdrückliche Zurückweisung eines – wie auch immer gearteten – positiven Beitrags der NVA zur Vereinigung seitens der westdeutschen Akteure *auch* als Bestandteil der offiziellen Politik des Bundesministeriums der Verteidigung (BMVg) zu verstehen. Sie sollte die eigene Vereinigungspolitik, also die vollständige Auflösung der NVA und die Aufwertung der Bundeswehr als ›Armee der Einheit‹, legitimieren und verweist in diesem Sinne auf

---

[12] Zum Beispiel KURT HELD: Soldat des Volkes? Über das politische Selbstverständnis des Soldaten der Nationalen Volksarmee. In: DETLEF BALD (HRSG.): Die Nationale Volksarmee. Beiträge zu Selbstverständnis und Geschichte des deutschen Militärs von 1945-1990. Baden-Baden 1992, S. 65-78; WILFRIED HANISCH: Die NVA während der zugespitzten Krise in der DDR im Herbst 1989. Wende, Wiedervereinigungsprozeß und Rolle der NVA. In: ANDREAS PRÜFERT (HRSG.): Die Nationale Volksarmee im Kalten Krieg, Bonn 1995, S. 115-132; PAUL HEIDER: »Nicht Feind, nicht Gegner, sondern Partner«. Zum Transformationsprozeß in der Nationalen Volksarmee auf dem Weg in die deutsche Einheit. In: BRUNO THOß (HRSG.): Vom Kalten Krieg zur deutschen Einheit. Analysen und Zeitzeugenberichte zur deutschen Militärgeschichte 1945 bis 1995. München 1995, S. 419-442; THEODOR HOFFMANN: Zur Wahrnehmung der Verantwortung der NVA auf dem Weg zur deutschen Einheit. In: ARBEITSGRUPPE GESCHICHTE DER NVA UND INTEGRATION EHEMALIGER NVA-ANGEHÖRIGER IN GESELLSCHAFT UND BUNDESWEHR IM LANDESVERBAND OST DES DEUTSCHEN BUNDESWEHRVERBANDES (HRSG.): Was war die NVA? ... nachgetragen. Studien – Analysen – Berichte zur Geschichte der Nationalen Volksarmee. Berlin 2007, S. 732-738.

[13] Vgl. JÖRG SCHÖNBOHM: Zwei Armeen und ein Vaterland. Das Ende der Nationalen Volksarmee. Berlin 1992, S. 24.

einen Deutungskonflikt, den die westdeutsche Seite vom heutigen Standpunkt aus gesehen klar für sich entscheiden konnte.

3. Demokratischer Aufbruch (Dezember 1989 – März 1990)

Seit dem Machtwechsel von Erich Honecker zu Egon Krenz Mitte Oktober 1989 sowie insbesondere seit der Öffnung der Grenzen wurde innerhalb wie außerhalb der NVA der Unmut über die politische Führung sowie die Kritik an Missständen innerhalb der Streitkräfte wie überall sonst in der DDR[14] in bislang unbekannter Weise öffentlich. Im Zuge der neuen Regierungsbildung unter Hans Modrow wurde Verteidigungsminister Heinz Keßler abgelöst und am 18. November 1989 durch den bisherigen Chef der Volksmarine, Admiral Theodor Hoffmann, ersetzt. Dieser verkündete zwei Tage später bei einer Kommandeurtagung in Strausberg ein Konzept für eine Reform der Streitkräfte. Am 7. Dezember nahm im Verteidigungsministerium eine »Kommission Militärreform der DDR« die Arbeit auf, die zeitweilig bis zu 16 Untergruppen mit 200 Mitarbeitern umfasste[15] und den »eigentlichen Motor«[16] der Reformbestrebungen darstellte. Für ressortübergreifende Themen wurde am 21. Dezember 1989 darüber hinaus eine »Regierungskommission Militärreform« gebildet. In verschiedenen Expertengruppen wurde daraufhin ein breites Spektrum von Themen bis hin zu Vorschlägen für neue militärpolitische Leitsätze, neue Wehrgesetze sowie eine neue Organisationsstruktur des Verteidigungsministeriums diskutiert. Darüber hinaus richtete man ab dem 18. Dezember 1989 einen »Runden Tisch« unter Beteiligung der Parteien, Organisationen und Bewegungen beim Minister für Nationale Verteidigung ein, der bis zum 20. März 1990

---

[14] Vgl. PETRA BOCK: Vergangenheitspolitik im Systemwechsel. Die Politik der Aufklärung, Strafverfolgung, Disqualifizierung und Wiedergutmachung im letzten Jahr der DDR. Berlin 2000, S. 81 ff.

[15] HANS-JOACHIM GIEßMANN: Das unliebsame Erbe. Die Auflösung der Militärstruktur der DDR. Baden-Baden 1992, S. 43, Anm. 48.

[16] HANS EHLERT: Die Armee, die nicht mehr gebraucht wurde – die NVA im Vorfeld der deutschen Einheit. In: HANS EHLERT/MATTHIAS ROGG (HRSG.): Militär, Staat und Gesellschaft in der DDR. Forschungsfelder, Ergebnisse, Perspektiven. Berlin 2004, S. 689–716, hier S. 696.

sieben Beratungen zu zentralen Fragen der Militärpolitik und Militärreform durchführte.[17] Um über den Fortschritt der Militärreform zu informieren und eine Diskussion in den Streitkräften anzuregen, wurde schließlich auch eine eigene Wochenzeitschrift *Militärreform der DDR* geschaffen, die alle wichtigen Dokumente aus dem Reformprozess abdruckte.

Ziel der von Hoffmann initiierten Militärreform war es, die Beziehungen zwischen Armee und Gesellschaft neu zu gestalten und die NVA in diesem Sinne zu demokratisieren, die Lebens- und Arbeitsbedingungen der Soldaten zu verbessern sowie strukturelle Veränderungen gemäß der geplanten Abrüstungsmaßnahmen und einer neuen Militärdoktrin der DDR einzuleiten.[18] Hoffmann konnte hierfür unter anderem auf Überlegungen zurückgreifen, die bereits ab 1987 von einem kleinen Kreis reformorientierter Offiziere in Hinblick auf eine Neuorientierung der Sicherheits- und Militärpolitik und einer Neuorientierung der Militärdoktrin der DDR diskutiert worden waren.[19] Angesichts der sich überstürzenden politischen Entwicklungen, aber auch aufgrund struktureller Probleme in der Umsetzung konnten die Bemühungen der Reformer um Hoffmann nur schwer mit den Erwartungen aus der Truppe mithalten: Zur Jahreswende 1989/90 gingen etwa Soldaten am Standort Beelitz zu offenen Protest- und Streikaktionen über, die nur durch das persönliche Erscheinen des Verteidigungsministers und die Ankündigung von Sofortmaßnahmen zur Verbesserung der inneren Lage beendet werden konnten.

---

[17] PAUL HEIDER: »Nicht Feind, nicht Gegner, sondern Partner« (wie Anm. 12), S. 430 f.

[18] Vgl. THEODOR HOFFMANN: Zur nicht-vollendeten Militärreform der DDR. In: DETLEF BALD (HRSG.): Die Nationale Volksarmee (wie Anm. 12). Baden-Baden 1992, S. 107–114, hier S. 110.

[19] Speziell zur Arbeit des am 26.10.1987 gegründeten »wissenschaftlichen Rates für Friedensforschung« und seines Einflusses auf die Kommission Militärreform siehe MARTIN KUTZ: Demokratisierung der NVA? Die verspätete Reform 1989/90. In: DETLEF BALD (HRSG.): Die Nationale Volksarmee (wie Anm. 12), S. 87–105, hier S. 90 ff.

Abb. 1: Demonstration von NVA-Soldaten in Cottbus am 12.01.1990.

Der Dienst- sowie vor allem der Ausbildungsbetrieb in den Streitkräften konnte aufgrund der vorzeitigen Entlassung von etwa 25.000 wehrdienstleistenden Soldaten und 15.000 Zeitsoldaten sowie von rund 19.000 Reservisten nur noch teilweise aufrechterhalten werden. Einige Dienststellen waren nur noch mit Wachdienst beschäftigt; die Gefechts- und Mobilmachungsbereitschaft der NVA war insgesamt eingeschränkt.[20] Diese schwierige Situation schlug sich auch in der Motivation der NVA-Berufssoldaten nieder, unter denen sich zunehmend Enttäuschung, Resignation und Orientierungslosigkeit breit machten. In seinen Erinnerungen verweist Admiral Hoffmann[21] zum Beispiel auf die Ergebnisse einer vom Verteidigungsministerium durchgeführten Meinungsumfrage in den drei Teilstreitkräften der NVA und den Grenztruppen von Anfang Januar 1990, wonach jeder zweite NVA-Offizier den Dienst beendet hätte, wenn er aufgrund der Vollendung der Mindestdienstzeit die Möglichkeit dazu gehabt hätte.

Die Proteste in Beelitz und anderen Standorten und die sinkende Moral unter den Berufssoldaten belegen, wie groß der Reformwillen, vor allem aber der Reformbedarf aus Sicht der Truppe war. Dies zeigt auch die hohe Zahl von mehr als 12.500 Eingaben, welche die »Kommission Militärreform« zwischen Dezember 1989 und ihrer Auflösung im Mai 1990 registrierte.[22] Selbst wenn die Militärreform aufgrund einer fehlenden breiten Unterstützung im Offizierkorps, aber auch durch den allzu kurzen Zeitrahmen, der hierfür zur Verfügung stand, letztlich als gescheitert anzusehen ist, erfuhr die NVA durch die eingeleiteten Reformen einen »kräftigen Demokratisierungsschub«[23]. Bis zu den Wahlen zur Volkskammer im März 1990 wurden unter anderem folgende Veränderungen auf den Weg gebracht:[24]

---

[20] RÜDIGER WENZKE: Die Nationale Volksarmee (1956–1990). In: TORSTEN DIEDRICH/HANS EHLERT/RÜDIGER WENZKE (HRSG.): Im Dienste der Partei. Handbuch der bewaffneten Organe der DDR. Berlin 1998, S. 423–535, hier S. 515.

[21] THEODOR HOFFMANN: Zur nicht-vollendeten Militärreform der DDR (wie Anm. 18), S. 112.

[22] HANS-JOACHIM GIEßMANN: Das unliebsame Erbe (wie Anm. 15), S. 43.

[23] HANS EHLERT: Die Armee, die nicht mehr gebraucht wurde (wie Anm. 16), S. 698.

[24] Vgl. PAUL HEIDER: »Nicht Feind, nicht Gegner, sondern Partner« (wie Anm. 12); RÜDIGER WENZKE: Die Nationale Volksarmee (wie Anm. 20), S. 514 f.

- Seit dem 1. Dezember 1989 war es offiziell erlaubt, westliche Sender in den Kasernen zu empfangen.
- Bis Ende 1989 stellten die rund 300 SED-Parteiorganisationen ihre Tätigkeit in der NVA ein. Der Führungsanspruch der SED war am 1. Dezember nach Beschluss der Volkskammer aus der DDR-Verfassung gestrichen worden.
- Die Politorgane wurden bis zum 15. Februar 1990 aufgelöst, das Ausbildungsprofil »Politoffizier« wurde eingestellt.
- Der Wehrdienst wurde von 18 auf 12 Monate sowie der Dienst auf Zeit von drei auf zwei Jahre verkürzt. Darüber hinaus wurde am 20. Februar 1990 ein Zivildienst eingeführt.
- Die ständige Gefechtsbereitschaft wurde abgeschafft und die Fünf-Tage-Woche eingeführt.
- Am 19. Januar 1990 wurde der Verband der Berufssoldaten der DDR gegründet.

Darüber hinaus ging der bereits erwähnte Ausschuss zur Untersuchung von Amtsmissbrauch, Korruption und persönlicher Bereicherung 461 Hinweisen auf Verstöße gegen geltende Bestimmungen und Gesetze in unterschiedlichen Bereichen nach und legte am 15. März 1990 seinen Abschlussbericht vor. Kritisiert wurde dabei unter anderem der schon 1966 begonnene Ausbau der Jagdwirtschaft Hintersee, die bis 1985 das ›private‹ Jagdgebiet von Verteidigungsminister Heinz Hoffmann (1960–1985) gewesen war, zu einem repräsentativen Gästejagdgebiet für hochrangige Kader (geplante Kosten für den Verteidigungshaushalt 1989: mehr als 3,7 Millionen Mark).[25] Der Ausschuss kam jedoch letztlich zu dem Ergebnis, dass die Masse der Armeeangehörigen – unterhalb der Schwelle der Obersten und Kommandeure von Truppenteilen – keine Privilegien genossen hätten.[26]

Am 18. März 1990 fanden in der DDR die ersten freien Wahlen zur Volkskammer statt, die mit einem klaren Sieg der »Allianz für Deutsch-

---

[25] MATTHIAS ROGG: Armee des Volkes? Militär und Gesellschaft in der DDR. Berlin 2008, S. 572 ff.
[26] Siehe hierzu insgesamt ebd., S. 564 ff.

land«, einem Parteienbündnis von DDR-CDU, Deutscher Sozialer Union (DSU) und Demokratischem Aufbruch (DA), und in einem eindeutigen Votum für eine schnelle Vereinigung mit der Bundesrepublik endeten. Nach den Wahlen wurde der evangelische Pfarrer und vormalige Bausoldat Rainer Eppelmann von Ministerpräsident Lothar de Maizière zum Chef des Ministeriums für Abrüstung und Verteidigung (MfAV) berufen. Die NVA wurde damit erstmalig seit ihrer Gründung von einem Zivilisten geführt. Das militärische Führungspersonal mit Admiral Hoffmann in der neu geschaffenen Funktion des Chefs der NVA an der Spitze blieb dagegen weitgehend dasselbe.

Bei einem Treffen am 10. und 11. Februar 1990 mit Bundeskanzler Helmut Kohl und Bundesaußenminister Hans-Dietrich Genscher hatte der sowjetische Staats- und Parteichef Michail Gorbatschow in Moskau einer Wiedervereinigung Deutschlands prinzipiell zugestimmt. Kurz darauf waren von den Außenministern der vier Siegermächte und der beiden deutschen Staaten die Aufnahme der sogenannten Zwei-plus-Vier-Gespräche über die äußeren Aspekte der Herstellung der deutschen Einheit und der damit verbundenen Sicherheitsfragen vereinbart worden. Vor dem Hintergrund der Vorbereitungen auf eine deutsche Vereinigung rückte in den Wochen nach den Wahlen in der DDR die Frage nach der Zukunft der NVA in den Mittelpunkt. Die »Kommission Militärreform« wurde zahlenmäßig stark reduziert[27], die Reformbestrebungen innerhalb der NVA wurden von den politischen Ereignissen überholt und kamen damit weitgehend zum Erliegen.

4. Vom Zwei-Armeen-Modell zur Auflösung (April – Oktober 1990)

Am 27. April 1990 fand ein erstes Treffen der beiden deutschen Verteidigungsminister Rainer Eppelmann und Gerhard Stoltenberg statt, vier Wochen später wurde bei einem zweiten Treffen die Aufnahme offizieller Beziehungen zwischen der Bundeswehr und der NVA vereinbart. Die Zusammenarbeit zwischen den beiden Ministerien und ihren Ministern war von Anfang an durch grundlegende Differenzen in der Einschätzung der militärischen Zukunft eines vereinigten

---

[27] Vgl. HANS-JOACHIM GIEßMANN: Das unliebsame Erbe (wie Anm. 15), S. 43, Anm. 48.

Deutschlands geprägt: Eppelmann, der wenige Wochen nach seinem Amtsantritt noch mit einer Zeitspanne von zwei oder drei Jahren bis zu einer Vereinigung rechnete,[28] ging davon aus, dass das östliche Militärbündnis weiterhin bestehen bleiben und die Sowjetunion niemals einer Lösung zustimmen würde, bei der die Bundeswehr und Truppen der Warschauer Vertragsgemeinschaft direkt nebeneinander stationiert sein könnten.[29] Entsprechend erklärte er auf seiner ersten Kommandeurtagung Anfang Mai in Strausberg, dass es auch nach der Vereinigung »auf DDR-Territorium eine zweite deutsche Armee geben [werde], die, in kein Militärbündnis integriert, hier eigene, territoriale Sicherheitsfunktionen« ausüben werde und »dementsprechend strukturiert, ausgerüstet und ausgebildet« sein müsse.[30] Diese Position stieß auf große Zustimmung bei der versammelten militärischen Führung und nährte Hoffnungen auf das Fortbestehen einer stark reduzierten NVA im vereinigten Deutschland. Die Idee von den zwei Armeen bestimmte bis zum Sommer die politischen und militärischen Planungen im ostdeutschen Verteidigungsministerium und wurde als offizielle Leitlinie des Hauses auf unterschiedlichen Ebenen nach außen hin vertreten.[31] Dies hatte unter anderem zur Folge, dass die Bedingungen und Möglichkeiten, Soldaten oder auch Zivilangestellte der NVA auf eine Tätigkeit außerhalb der Streitkräfte vorzubereiten, zwar beraten und einzelne Maßnahmen auch beschlossen und umgesetzt wurden. So nahmen ab Mai 1990 rund 6.300 ehemalige Berufs- und länger dienende Zeitsoldaten sowie Zivilbeschäftigte an einem Ausbildungs- oder Umschulungskurs an einer militärischen oder zivilen Einrichtung teil.[32] Darüber hinaus gelang es rund 4.000 Berufs- und Zeitsoldaten sowie Zivilbeschäftigten, bis zum Sommer 1990 eine Tätigkeit außerhalb der Streitkräfte aufzunehmen.[33] Aufgrund irrtümlicher Annahmen über den zukünftigen Bedarf an (ostdeutschem)

---

[28] HANS EHLERT: Von der »Wende« zur Einheit (wie Anm. 2), S. 25.
[29] Ebd., S. 30.
[30] Zit. nach THEODOR HOFFMANN: Das letzte Kommando. Ein Minister erinnert sich. Berlin u. a. 1993, S. 223; siehe hierzu auch GUNNAR DIGUTSCH: Das Ende der Nationalen Volksarmee (wie Anm. 8), S. 167.
[31] HANS EHLERT: Von der »Wende« zur Einheit (wie Anm. 2), S. 29.
[32] HANS-JOACHIM GIEẞMANN: Das unliebsame Erbe (wie Anm. 15), S. 45.
[33] Ebd., S. 49.

Militärpersonal sollten sich diese Bemühungen jedoch letztlich als völlig unzureichend erweisen.[34]

Auf westdeutscher Seite hatte man dagegen von Beginn an auf die NATO gesetzt. Daher stießen die ostdeutschen Vorstellungen auf Skepsis, wenn nicht gar Ablehnung, selbst wenn dies zunächst eher zurückhaltend geäußert wurde, um die laufenden Zwei-plus-Vier-Verhandlungen nicht zu stören.[35] Verteidigungsminister Gerhard Stoltenberg sprach sich erstmals auf einer Konferenz Mitte Juni 1990 öffentlich dafür aus, dass es nach einer Vereinigung nur noch eine Armee geben solle. Dies wie auch die anschließenden Diskussionen in bundesdeutschen Medien über die Zukunft der NVA-Soldaten im vereinigten Deutschland zur gleichen Zeit verstärkten die Unruhe innerhalb der NVA.[36] Die zwischenstaatlichen Vorbereitungen für die Vereinigung gingen währenddessen zügig voran:[37] Am 1. Juli trat die Währungs-, Wirtschafts- und Sozialunion zwischen der Bundesrepublik und der DDR in Kraft, und die Grenzkontrollen zwischen beiden Staaten wurden aufgehoben. Kurz zuvor hatten beide Parlamente eine gleichlautende Erklärung zur Anerkennung der Oder-Neiße-Grenze verabschiedet. Im Rahmen eines Treffens von Bundeskanzler Kohl mit dem sowjetischen Präsidenten Gorbatschow am 15. und 16. Juli im Kaukasus wurde schließlich auch eine Einigung über die zukünftige Bündniszugehörigkeit des vereinigten Deutschlands erzielt. Die dortigen Absprachen – NATO-Mitgliedschaft des vereinigten Deutschlands, Stationierung von Bundeswehrtruppen auch auf dem Territorium der DDR, Begrenzung der gesamtdeutschen Streitkräfte auf 370.000 Mann bis 1994 – wurden in den Zwei-plus-Vier-Vertrag übernommen, der am 12. September unterzeichnet wurde und mit dem Deutschland seine volle Souveränität zurückerhielt. Mit der Entscheidung über die Zugehörigkeit Deutschlands zur NATO war auch die Entscheidung über das Ende der NVA gefällt worden.

---

[34] Vgl. ebd., S. 40 ff.
[35] HANS EHLERT: Von der »Wende« zur Einheit (wie Anm. 2), S. 29.
[36] Vgl. ebd., S. 33, mit weiteren Verweisen.
[37] Vgl. hierzu die Übersicht in: HANS EHLERT (HRSG.): Armee ohne Zukunft (wie Anm. 6), S. 544 ff.

Im Bundesministerium der Verteidigung in Bonn begann man daraufhin mit den konkreten Planungen für die Übernahme beziehungsweise Auflösung der NVA. Im Rahmen der Verhandlungen über den Vertrag zwischen der Bundesrepublik und der Deutschen Demokratischen Republik über die Herstellung der Einheit Deutschlands (Einigungsvertrag), die am 6. Juli aufgenommen worden waren, wurden die Eckdaten für die berufliche Zukunft der Zeit- und Berufssoldaten der NVA festgelegt. Eine besondere Berücksichtigung der Bedürfnisse und Interessen vor allem der Berufssoldaten, für die man sich seitens der politischen, vor allem aber seitens der militärischen Führung der Streitkräfte eingesetzt hatte, fand jedoch keinen Eingang. Insbesondere in dieser letzten Phase wurde somit deutlich, »dass die Berufssoldaten der DDR über keine Lobby verfügten«[38].

Deren politische Machtlosigkeit zeigt sich nicht zuletzt, wenn man die Lage von 1990 mit der Situation zur Zeit der bundesdeutschen Wiederbewaffnung Anfang der 1950er Jahre[39] kontrastiert. Während es damals den vormaligen Berufssoldaten der Wehrmacht und ihren Interessenvertretungen gelungen war, zeitweise ein »Verhandlungsmonopol« in politischen Fragen zu erhalten, die wie die Wiedereinstellung in den öffentlichen Dienst oder die Renten- und Versorgungsansprüche »keineswegs nur sie allein betrafen«[40], mussten sich die Berufssoldaten der NVA 1990 damit zufrieden geben, dass diejenigen Regelungen, die allgemein für die Angehörigen des öffentlichen Dienstes getroffen wurden, auch für sie Anwendung fanden. Hierfür lassen sich mehrere Gründe anführen:

Erstens war das Interesse in der DDR-Bevölkerung für die Belange der Berufssoldaten der NVA gering. So hielt es nach einer Meinungsumfrage vom Institut für empirische Psychologie (IFEP) vom April 1990 nur ein Prozent der Befragten für ein wichtiges Thema, eine Zukunftsperspektive für NVA-Soldaten zu schaffen. Für 65 Prozent war es wichtig, das Recht auf freie Arbeit verwirklichen zu können, 63 Prozent sprachen sich für die Herstellung der freien Marktwirtschaft aus,

---

[38] HANS EHLERT: Die Armee, die nicht mehr gebraucht wurde (wie Anm. 16), S. 705.
[39] Vgl. hierzu BERT-OLIVER MANIG: Die Politik der Ehre. Die Rehabilitierung der Berufssoldaten in der frühen Bundesrepublik. Göttingen 2004.
[40] Ebd., S. 26.

57 Prozent für den Erhalt sozialer Leistungen und 53 Prozent für die Herstellung der Einheit mit der Bundesrepublik. Den Schutz Deutschlands vor äußerer Bedrohung und die Schaffung (einheitlicher) deutscher Streitkräfte sahen nur vier beziehungsweise ein Prozent der Befragten als wichtig an.[41]

Zweitens gab es selbst innerhalb der zivilen Führung des Ministeriums für Abrüstung und Verteidigung der DDR kein uneingeschränktes Bemühen, besondere Bedingungen für die Berufssoldaten zu erreichen.[42] So sah der Leiter des Personalamtes, Gerd-A. Engelmann, der 1980 aus politischen Gründen aus dem Lehramt entfernt worden war, die NVA in erster Linie als wichtige Stütze des DDR-Regimes an. Auf westdeutscher Seite, im Verteidigungsministerium in Bonn, hatte man ohnehin wenig Grund, ein »besonderes Augenmerk auf die im Ansehen vieler belastete Parteitruppe und die Versorgung ihrer Angehörigen zu legen«[43].

Schließlich ist jedoch vor allem der Zeitfaktor zu berücksichtigen: Die Legislative war aufgrund des Zeitdrucks gegenüber der Exekutive ohnehin in den Hintergrund gedrängt worden. Somit blieb keine Zeit für »einen parlamentarischen Beratungsprozeß, der diesen Namen verdient hätte«[44]. Die Vereinbarungen zwischen den beiden deutschen Staaten wurden mit Blick auf die internationalen Absprachen getroffen. Hierbei kam den Verhandlungsführern aus Bonn nicht nur, aber gerade auch bei den Fragen, die die Streitkräfte betrafen, ein deutlich größeres Gewicht zu als denen aus (Ost)Berlin.

»Der Ausschuß für Abrüstung und Verteidigung der Volkskammer hat den Einigungsvertrag [...] erstmalig am 5. September 1990 beraten, das umfassende Vertragswerk war aber bereits am 31. August unterzeichnet worden. Die von dem Gremium wenige Tage später beschlossenen Änderungsanträge fanden bei diesem Stand des Verfahrens keine Aufnahme mehr in das Vertragswerk.«[45]

---

[41] HANS-JOACHIM GIEẞMANN: Das unliebsame Erbe (wie Anm. 15), S. 53.
[42] HANS EHLERT: Die Armee, die nicht mehr gebraucht wurde (wie Anm. 16), S. 705.
[43] Ebd.
[44] Ebd.
[45] Ebd., S. 705 f.

Der Einigungsvertrag wurde durch den Bundestag und die Volkskammer am 20. September ratifiziert. Am 21. September wurde der Befehl zur Auflösung der Grenztruppen erlassen. Am 24. September trat die DDR aus der Warschauer Vertragsgemeinschaft aus. Am 15. September war ein letzter Wechsel an der Führungsspitze der NVA erfolgt, am 28. September wurden alle noch verbliebenen Generäle und Admiräle der NVA, am 30. September alle Berufssoldaten über 55 Jahren sowie alle Offiziersanwärterinnen, die nicht dem Sanitätsdienst angehörten, aus dem aktiven Dienst entlassen. Alle übrigen Soldatinnen wurden in ein ziviles Dienstverhältnis überführt. Am 2. Oktober 1990 fand im Ministerium in Strausberg der letzte Appell der Nationalen Volksarmee statt, die um Mitternacht zu bestehen aufhörte. Am 3. Oktober null Uhr trat die DDR dem Geltungsbereich des Grundgesetzes der Bundesrepublik bei, und die Befehls- und Kommandogewalt über die bisherige NVA ging auf den Bundesminister der Verteidigung über.

5. Armee der Einheit?

Die mit dem 3. Oktober begonnene ›militärische Vereinigung‹ vollzog sich in struktureller Hinsicht als Aufbau der Bundeswehr in Ostdeutschland und als Abbau der NVA: Es handelte sich um die zwei Seiten ein- und derselben Medaille. Alle neu geschaffenen Bundeswehr-Einrichtungen wurden auf der Führungsebene sowie bei den Schlüsselpositionen (Ausbildung, Personalführung etc.) mit westdeutschem Personal besetzt. Gleichzeitig erfolgte ein personeller Auf- wie Abbau. Durch die Übernahme von Angehörigen der NVA vergrößerte sich zunächst der Personalbestand der Bundeswehr. Angesichts der im Zwei-plus-Vier-Vertrag vereinbarten Truppenreduzierung auf 370.000 Soldaten bis Ende 1994 war jedoch eine substanzielle Reduzierung des Personals unabdingbar. Diese erzielte man durch eine Verringerung des Anteils von Wehrdienstleistenden durch eine verkürzte Wehrdienstzeit, durch großzügige Ruhestandsregelungen für bestimmte Altersgruppen in der Bundeswehr sowie durch den schrittweisen Abbau von NVA-Personal.

Abb. 2: Flaggenwechsel beim Bundeswehrkommando Ost in Strausberg am 04.10.1990.

Die rund 51.000 NVA-Angehörigen, die am 3. Oktober 1990 noch als Zeit- und Berufssoldaten in den Streitkräften dienten, konnten sich in einem ersten Schritt für eine Übernahme als Soldat auf Zeit für die Dauer von zwei Jahren (SaZ 2) bei der Bundeswehr bewerben. Etwa jeder zweite NVA-Soldat, also rund 25.000 Soldaten, stellte einen solchen Antrag. Alle anderen schieden zum 31. Dezember 1990 aus der Bundeswehr aus. In diesem Fall hatten sie Anspruch auf eine einmalige Übergangszahlung von (je nach Dienstzeit) bis zu 7.000 DM. Darüber hinaus konnten aus der Bundeswehr ausgeschiedene Soldaten mit NVA-Vordienstzeit ein Übergangsgeld in Höhe von 70 Prozent des letzten Durchschnittsgehalts für sechs (bzw. neun) Monate beantragen. Soldaten, die 50 Jahre und älter waren oder länger als 25 Jahre in der NVA gedient hatten, hatten darüber hinaus Anspruch auf weitere Versorgungsleistungen.

Die als SaZ in die Bundeswehr übernommenen NVA-Soldaten konnten sich um eine Verlängerung ihrer Dienstzeit bzw. für die Übernahme als Berufssoldat bewerben. Rund 15.000 Personen stellten einen solchen Antrag. Rund 10.800 Personen, darunter rund 3.000 Offiziere, wurden dauerhaft von der Bundeswehr (als Berufssoldat oder längerdienender Zeitsoldat) übernommen.[46]

Die Entscheidung, die NVA als Institution zwar vollständig aufzulösen, aber eine begrenzte Anzahl von Soldaten nach einem bestimmten Auswahlprozess für den Dienst in der Bundeswehr zu übernehmen, stieß innerhalb wie außerhalb der Bundeswehr zunächst auf wenig Unterstützung, wie beispielsweise Leserbriefe in den großen Tageszeitungen[47], aber auch interne Untersuchungen in der Bundeswehr belegen.[48] Auch die Versetzungsbereitschaft westdeutscher Offiziere nach Ostdeutschland war vergleichsweise gering. Die Einführung der »Aufwandsentschädigung im Beitrittsgebiet« ab 1. April 1991 – informell

---

[46] Zu diesen Zahlen siehe ausführlicher NINA LEONHARD: Integration und Gedächtnis (wie Anm. 3), Kap. 6.6.2.

[47] HANS UDO CONRAD: »Die Integration von Offizieren der ehemaligen Nationalen Volksarmee in das Heer der Bundeswehr«. Dissertation, Fachbereich Pädagogik, Universität der Bundeswehr. Hamburg 1996, S. 66 f.

[48] SOZIALWISSENSCHAFTLICHEN INSTITUT DER BUNDESWEHR (SOWI): Zur Akzeptanz des Dienstes von ehemaligen NVA-Soldaten in der Bundeswehr und von Bundeswehrsoldaten auf dem Gebiet der ehemaligen DDR. Gutachten 17/90. München 1990.

auch als »Buschzulage« oder »Buschgeld« bezeichnet – ist nicht zuletzt in diesem Zusammenhang zu sehen.[49]

Zu Beginn des Übernahmeverfahrens lautete daher der Appell der politischen wie militärischen Führung an die Soldaten beider Armeen, einander mit Offenheit und Respekt zu begegnen. Dies war nicht zuletzt an die Adresse der westdeutschen Angehörigen der Bundeswehr gerichtet. Im weiteren Verlauf des Verfahrens traten derartige Solidaritätsappelle in den Hintergrund und machten ersten Bilanzierungen Platz, bei denen die Legitimität des Vereinigungsprozesses und der daran geknüpften Entscheidungen in ihrer Gesamtheit in den Vordergrund rückten. Auf diese Weise bildete sich eine dominante Lesart der ›militärischen Vereinigung‹ heraus, die eng mit dem Begriff »Armee der Einheit« verbunden ist.[50]

Verstanden als ein Topos, der in verdichteter Form verschiedene, aufeinander bezogene Argumente und Deutungen verbindet, steht dieser Ausdruck für die offiziöse Sichtweise der militärischen Vereinigung, die so zu einem legitimen Teil der Geschichte der Bundeswehr (gemacht) wird und zugleich die im Zuge der Vereinigung im militärischen Bereich getroffenen Entscheidungen in einen scheinbar kohärenten Zusammenhang einordnet.

In *sachlicher* Hinsicht bezieht er sich auf den Beitrag der Bundeswehr zur ›inneren Einheit‹ der Deutschen. Durch die Übernahme von Angehörigen der NVA sowie insbesondere durch die »bewusste Durchmischung von Einheiten und Verbänden mit Soldaten aus Ost und West« sei die Bundeswehr zum »Schrittmacher« der deutschen Einheit geworden, lautete etwa die Bilanz des damaligen Generalinspekteurs der Bundeswehr, Harald Kujat[51], anlässlich des zehnten Jahrestages der Vereinigung. Von der Bundeswehr als *Armee der Einheit* zu sprechen, heißt also, den erfolgreichen Aufbau der Bundeswehr in

---

[49] VOLKER KOOP: Die Nationale Volksarmee – Probleme der Integration in die Bundeswehr. Materialien der Enquete-Kommission »Überwindung der Folgen der SED-Diktatur im Prozeß der deutschen Einheit« (13. Wahlperiode des Deutschen Bundestages), Bd. II/2. Baden-Baden 1999, S. 508–543, hier S. 530 f.

[50] Vgl. hierzu und im Folgenden NINA LEONHARD: Integration und Gedächtnis (wie Anm. 3), Kap. 6.3.2.

[51] HARALD KUJAT: Integration gelungen. Zehn Jahre Armee der Einheit. In: *Truppenpraxis/Wehrausbildung* 44 (2000) 10, S. 625–629, hier S. 628.

den neuen Ländern zu betonen. Eng damit verbunden ist der Hinweis, dass es seit 1990 nur noch eine deutsche Armee gibt, in der Ost- wie Westdeutsche *gemeinsam* dienen und so die ›innere Einheit‹ verwirklichen: Die Bundeswehr als *Armee der Einheit* erscheint somit als Modell des gelungenen Vollzugs der Vereinigung, an dem sich die deutsche Gesellschaft insgesamt orientieren kann.

In *sozialer* Hinsicht geht mit der Rede von der Bundeswehr als *Armee der Einheit* die Unterscheidung zwischen übernommenen und nicht übernommenen NVA-Soldaten einher: Nur erstere haben einen festen Platz in der Geschichte über die Schaffung der *Armee der Einheit* – als Beleg für deren Erfolg. Die anderen – also all diejenigen NVA-Angehörigen, die bis Ende 1990 den Militärdienst verließen und sich eine neue Berufs- bzw. Lebensperspektive freiwillig oder unfreiwillig aneigneten –, spielen hierfür keine Rolle und werden in öffentlichen Verlautbarungen oder Darstellungen der Bundeswehr in der Regel kaum erwähnt.

Mit dem Topos *Armee der Einheit* geht drittens eine besondere *temporale* Verortung einher. Hierfür ist die Unterscheidung zwischen der Zeit vor und nach dem 3. Oktober 1990 zentral. Die Zeit nach der Vereinigung steht im Zentrum der Aufmerksamkeit, die Zeit davor, deren Entwicklungen zuvor überblicksartig rekapituliert wurden, tritt demgegenüber in den Hintergrund. Das bedeutet: Im Kontext der Rede von der *Armee der Einheit* bleiben sowohl die militärische Vergangenheit der DDR als auch der Ost-West-Konflikt weitgehend ausgespart. Hierfür gibt es naheliegende Gründe, würde doch die Betonung der sozialistischen Erziehung und der feindlichen Ausrichtung der NVA gegen die Bundeswehr und ihre westlichen Bündnispartner sowie die spiegelbildliche Verteidigungshaltung der Bundeswehr gegen die gegnerischen Armeen des ›Ostblocks‹ die Legitimation der Übernahme von NVA-Angehörigen in die Bundeswehr konterkarieren.

Mit der Rede von der *Armee der Einheit* kann auf eine explizite Abgrenzung von der NVA jedoch auch deshalb verzichtet werden, weil mit der Schaffung dieser *Armee der Einheit* alles, was zur NVA institutionell gehörte, aufgelöst wurde. Dies verweist auf eine vierte und letzte, *identitätspolitische* Dimension dieses Topos. Die Selbstbeschreibung als *Armee der Einheit* setzt die ›Niederlage‹ der ostdeutschen Streitkräfte und des politischen Systems, für das sie standen, voraus und geht somit mit einer Bestätigung der Bundeswehr als einziger legitimer deutscher Armee seit dem Ende des Zweiten Weltkriegs einher. Mit der Schaffung der *Armee der Einheit* wurde der Alleinvertretungsanspruch der Bundesrepublik, der auch nach Aufgabe der Hallstein-Doktrin Ende der 1960er Jahre die politische Kultur der Bundesrepublik entscheidend geprägt hat, gewissermaßen nachträglich eingelöst.[52] In der Tat beinhaltet dieser sowohl die strikte Ablehnung der DDR als Staats- und Gesellschaftsform als auch die Fürsorge- und Verantwortungsbereitschaft für die dort lebenden Menschen und beruhte somit von Beginn an auf der Unterscheidung zwischen ›Mensch‹ und ›System‹. Übertragen auf das Militär machte dies nach der Vereinigung die Trennung zwischen ›Soldat‹ und ›Parteiarmee‹ und so eine zahlenmäßig begrenzte Eingliederung der vormaligen ›Gegner‹ möglich – zumal auf diese Weise die im 19. Jahrhundert herausgebildete Bedeutung der Armee als *Institution der nationalen Einheit*[53] reaktualisiert und für den Aufbau der Bundeswehr in Ostdeutschland fruchtbar gemacht werden konnte.

---

[52] Vgl. hierzu ANDREAS GLAESER: Divided in Unity. Identity, Germany, and the Berlin Police. Chicago u. a. 2000, Kap. 2; WOLFGANG BERGEM: Identitätsformationen in Deutschland. Wiesbaden 2005, S. 323 f.

[53] Vgl. CATHLEEN KANTNER/SAMMI SANDAWI: Der Nationalstaat und das Militär. In: NINA LEONHARD/INES-JACQUELINE WERKNER (HRSG.): Militärsoziologie – Eine Einführung. 2. aktualisierte u. ergänzte Aufl. Wiesbaden 2012, S. 37–64, hier S. 44 ff.

Gabriele Köhler

Die Schulstrukturdebatten 1990. Reformoptionen, Kompromisse und Ergebnisse im bildungspolitischen Einigungsprozess

Die Ergebnisse der Gestaltung des Schulwesens in den neuen Ländern sind ebenso geläufig wie weithin sichtbar. Weniger bekannt ist der Prozess ihres Zustandekommens. Die nachfolgenden Ausführungen, die sich mit diesem Prozess befassen, richten den Blick auf zwei zentrale Gelenkstellen im Transformationsprozess des Bildungssystems der neuen Bundesländer: zum einen auf die basisdemokratischen Optionen an den Runden Tischen und zum anderen auf die Verhandlungen in der Gemeinsamen Bildungskommission BRD/DDR. Dabei wird der Frage nachgegangen, welche Rolle den bildungspolitischen Optionen, die unmittelbar nach der Wende entwickelt wurden, im Transformationsprozess zukommt.

Stimmt tatsächlich – wie gelegentlich behauptet –, dass die basisdemokratischen Optionen mit der nach dem Einigungsvertrag einsetzenden Entwicklung ein jähes Ende fanden? Stimmt es, dass – noch etwas zugespitzter formuliert – den neuen Ländern mit dem Einigungsvertrag und den Schulgesetzen von 1991 und 1993 ein neues Schulsystem übergestülpt wurde?

Die Hauptthese, die im Folgenden erläutert und belegt wird, ist, dass im Rücken der adaptierten Schulstrukturen der alten Bundesrepublik die basisdemokratischen Reformvorstellungen bis heute nachwirken. Weder lässt sich die gelegentlich behauptete bildungspolitische Kolonialisierung des ostdeutschen Schulwesens noch eine Ausgrenzung zentraler Reformvorstellungen der Reformkräfte bei der Gestaltung des Schulwesens belegen.

Als Frage gegenüber dem Prozess des Zustandekommens des neuen Schulwesens formuliert: Wie gestaltete sich das Verhältnis von basisdemokratischen Reformvorstellungen und tatsächlicher schulpolitischer Entwicklung im Transformationsprozess?

Für die Beantwortung dieser Frage ist zweierlei in den Blick zu nehmen: zum einen die Runden Tische (für Bildung), zum anderen die Verhandlungen im Rahmen der Gemeinsamen Bildungskommission BRD/DDR, deren Ergebnis die im Einigungsvertrag erfolgten Festlegungen im Hinblick auf die Schulstrukturen der neuen Bundesländer waren.

Wer waren diese Akteure? Die *Runden Tische* agierten von Dezember 1989 bis zum Frühjahr (März/Juni) 1990 als basisdemokratische Instanz der politischen Verständigung, Krisenbewältigung und Entscheidungsfindung neben und außerhalb der etablierten staatlichen Strukturen. Die *Gemeinsame Bildungskommission BRD/DDR* wurde Mitte Mai 1990 als Beratungs- und Koordinierungsorgan auf politischer Ebene für die Zusammenarbeit zwischen den beiden deutschen Staaten und die Zusammenführung der beiden Bildungs- und Wissenschaftssysteme eingerichtet und von den beiden deutschen Bildungsministern sowie der Präsidentin der Kultusministerkonferenz geleitet. Insgesamt tagte die Gemeinsame Bildungskommission bis Ende September dreimal und arbeitete in mehreren Unterkommissionen und Expertengruppen.

Welche bildungspolitischen Vorstellungen entwickelten die Runden Tische und wie arbeiteten sie als die maßgebenden basisdemokratischen Einrichtungen der anvisierten Reformierung des Bildungswesens?

1. Bildungspolitische Visionen und Realitäten der Runden Tische

Die Runden Tische waren keine Erfindung der Wende in der DDR: in sechs von sieben Mitgliedsstaaten des ehemaligen Warschauer Paktes gab es 1989/90 Runde Tische. Auch in der DDR wollten Runde Tische für eine Übergangszeit bis zur Durchführung freier, demokratischer Wahlen tätig sein. Und zwar als Einrichtungen, die das Regierungshandeln zunächst lediglich kontrollierten. Weder wollten und sollten sie Regierungshandeln ersetzen noch wollten sie im Vorgriff auf demokratisch legitimierte Gremien Strukturentscheidungen treffen. Wichtig für die Runden Tische ist darüber hinaus, dass sie im Unterschied zu herkömmlichen NGOs (nongovernmental organisations) über keine flächendeckende Organisationsstruktur verfügten, sondern zahlreiche regionale Besonderheiten aufwiesen. Zwar gab es einen »Zentralen Runden Tisch« in Berlin, der Grundsatzfragen einer Gestaltung des Bildungswesens beleuchtete. Von ihm organisatorisch unabhängig arbeiteten Runde Tische in verschiedenen Regionen der DDR: in allen Bezirkshauptstädten, in den Kreisen sowie in größeren Städten. In Bezirkshauptstädten wie Erfurt, Leipzig oder Rostock existierten neben den Runden Tischen des Bezirkes noch Runde Tische der Stadt, die unabhängig voneinander tagten, jeweils spezifische, vielfach mit den örtlichen Besonderheiten verknüpfte Probleme berieten.

Obwohl diese Institutionen häufig das Selbstverständnis des Zentralen Runden Tisches übernahmen und sich ähnliche Geschäftsordnungen gaben, sind die Unterschiede zwischen den verschiedenen regionalen und kommunalen Runden Tischen größer als ihre Gemeinsamkeiten. Diese Unterschiede betrafen sowohl

- das Zustandekommen, den inneren Aufbau und die Arbeitsweise
- als auch das tatsächlich praktizierte Selbstverständnis und
- die Entscheidungsbefugnisse;
- die verhandelten Themen,
- den Umgang mit dem alten Staatsapparat,
- die Einbindung westdeutscher Berater,
- die Dauer ihrer Existenz sowie
- die Rolle im Prozess der Neuordnung einzelner gesellschaftlicher Bereiche.

An allen Runden Tischen gehörte die Um- und Neugestaltung des Bildungswesens zu den zentralen Themen. Vielfach wurden entweder eigenständige Runde Tische für Bildung – wie in der Stadt und im Bezirk Erfurt – oder zumindest entsprechende Unterkommissionen eingerichtet – so am Zentralen Runden Tisch, in der Stadt Leipzig oder im Bezirk Neubrandenburg.

Ihnen war die Überzeugung gemeinsam, dass eine gesellschaftliche Erneuerung nicht ohne eine tiefgreifende Reform der in staatlichen Bildungseinrichtungen praktizierten Pädagogik und ihrer Leitlinien möglich ist. Deshalb waren die Runden Tische und deren Unterausschüsse für Bildung bestrebt, in der Kürze der Zeit eine basisdemokratische Grundlage für Reformen zu schaffen, gleichzeitig aber auch für ein Mindestmaß an Kontinuität zur Aufrechterhaltung des Schulalltags zu sorgen. Schule musste weitergehen, konnte nicht geschlossen und dann in Ruhe neu aufgebaut, die Lehrer nicht einfach ausgetauscht werden.

Bei der Suche nach pädagogischen Alternativen zur DDR-Staatspädagogik blieb an den Runden Tischen keine Gestaltungsebene ausgespart, keine Gestaltungsoption von vornherein ausgegrenzt. Das damit verknüpfte Aufgabenspektrum erstreckte sich von der Erarbeitung bildungspolitischer Grundsätze zur Neugestaltung des Bildungswesens über die Entideologisierung von Schule und Unterricht unter Einschluss der Abschaffung oder Ersetzung von Unterrichtsfächern bis hin zur Reorganisation der außerunterrichtlichen Freizeitgestaltung, von der Eignung von Teilen der Lehrerschaft bis hin zur Mittagsversorgung der Schüler[1]

Was waren die Ergebnisse? Zunächst zu den Grundsätzen der Neugestaltung. Sie wurden vom Zentralen Runden Tisch während seiner 15. Sitzung am 5. März 1990 in einem Positionspapier der Arbeitsgruppe »Bildung, Erziehung, Jugend« vorgestellt, das wesentliche Inhalte des seit Oktober 1989 in der Öffentlichkeit geführten Dialogs über Bildungsfragen aufnahm. Im Zentrum dieses Positionspapiers standen bildungspolitische Grundsätze, die als Prinzipen der Neugestaltung des Bildungswesens dienen sollten. Dazu gehörten die Verwirklichung von Chancengleichheit, die Sicherung des Rechts auf lebenslange und auf berufliche Bildung, die Achtung vor der Würde des Menschen, die demokratische Mitbestimmung in allen Bildungsbereichen

---

[1] Vgl. GABRIELE KÖHLER: Anders sollte es werden. Bildungspolitische Visionen und Realitäten der Runden Tische (Studien und Dokumentationen zur deutschen Bildungsgeschichte, Bd. 72). Köln/Weimar/Wien 1999; DIES.: Diskurs und Systemtransformation. Der Einfluß diskursiver Verständigungsprozesse auf Schule und Bildung im Transformationsprozeß der neuen Bundesländer. Göttingen 2009, S. 220 ff.

für Lernende, Lehrende, Eltern und Wissenschaftler. Darüber hinaus wurden folgende Forderungen gestellt: der Erhalt einer staatlich finanzierten zehnjährigen Regelschule bei Zulassung unterschiedlicher Schultypen, einschließlich Schulen in freier Trägerschaft sowie einer staatlich finanzierten Berufsausbildung und Hochschulvorbereitung oder die Entwicklung vielfältiger Möglichkeiten der Freizeitgestaltung.

Wie die Umsetzbarkeit der Grundsätze und Forderungen erfolgen könne, wurde nicht thematisiert, sondern in Erwartung eines überregionalen Bildungsgesetzes offengelassen. Die anstehende Bildungsreform sollte jedoch nicht nur in der gesetzlichen Festschreibung neuer Organisationsstrukturen bestehen, ihr voraus und mit ihr einhergehen sollte eine Reform des pädagogischen Denkens und Handelns.

Mit der im Fernsehen übertragenen Diskussion übernahm der Zentrale Runde Tisch darüber hinaus eine demokratische Artikulations- und Legitimationsfunktion, die in ihrer Wirkung über die beanspruchte Kontroll- und Beratungsfunktion hinausging. Er führte vor aller Augen sichtbar vor, wie sich bildungspolitische Diskurse öffentlich führen ließen. Bildungspolitik in der DDR wurde nicht mehr ›von oben‹ verordnet. Beteiligte und Betroffene hatten die Chance, ihre Partizipation zu erweitern, ja, Bildungspolitik selbst zu gestalten.

An den regionalen Runden Tischen für Bildung standen Themen im Zentrum, die am Zentralen Runden Tisch nur am Rande behandelt wurden: Strukturfragen, einschließlich Fragen der Organisation der Abiturstufe, Fragen zur Weiterbeschäftigung sogenannter »Modrow-Lehrer«[2], der Lehreraus- und -weiterbildung sowie der Unterrichtsorganisation und Schulkultur.

Auf kommunaler Ebene standen Fragen der Neugestaltung einzelner Unterrichtsfächer, der künftigen Organisation der außerschulischen Freizeitgestaltung, der Qualität schulischer Erziehung, die Erprobung neuartiger Schulmodelle sowie einzelne Probleme der Personalentwicklung im Vordergrund.

---

[2] Als »Modrow-Lehrer« wurden jene Lehrer bezeichnet, die als Lehrer oder Erzieher in der DDR ausgebildet, später in den Dienst des Partei- und Staatsapparates, des MfS oder der NVA wechselten, dort hauptamtlich tätig waren und ab Oktober 1989, als diese Institutionen begannen, ihr Personal zu reduzieren bzw. sich aufzulösen, wieder in den Schuldienst zurückkehrten. Die Bezeichnung »Modrow-Lehrer« erhielten sie, weil die DDR-Regierung mit ihrem Ministerpräsidenten Hans Modrow diese Rückkehr in den Schuldienst ermöglichte.

Im Unterschied zum Positionspapier des Zentralen Runden Tisches fügten sich die Empfehlungen und Vorschläge auf regionaler Ebene nicht immer zu einem kohärenten Ganzen. Auf dieser Ebene ist bereits deutlich zu erkennen, was auf kommunaler Ebene weitgehend die Arbeit bestimmte: die pragmatische Absicherung des Schulalltags unter den Bedingungen des gesellschaftlichen Umbruchs.

Durch die ungleich konkreteren Fragen der künftigen Gestaltung des Bildungssystems auf regionaler Ebene erhielten die regionalen Runden Tische zunehmend eine Steuerungsfunktion für den Reformprozess. Damit waren Konflikte programmiert, die die Runden Tische zunehmend in die Rolle eines politischen Entscheidungsgremiums brachten.

Exemplarisch dafür steht der Runde Tisch der Stadt Rostock. Infolge der Dezentralisierung der alten Machtstrukturen führte der Disput zu Bildungsfragen Ende März 1990 dort soweit, dass die Arbeit dieses Gremiums zeitweise ausgesetzt und erst dann wieder aufgenommen wurde, als der Stadtschulrat zurücktrat und damit eine Kündigung der nach der Wende in den Schuldienst gelangten MfS-Mitarbeiter möglich wurde. Die Aufgabe des Stadtschulrates übernahm anschließend ein neues bildungspolitisches Gremium - die sogenannte »Kommission der Vier«. So begann der Runde Tisch der Stadt Rostock auf dem Bildungssektor mit dem Umbau der vorgefundenen administrativen Strukturen und übernahm durch seine Vertreter selbst politische Verantwortung.[3]

Ähnliches geschah in der Stadt Leipzig. Zunächst als eine Beratungs- und Kontrolleinrichtung von den neuen basisdemokratischen Gruppierungen einberufen, entwickelte sich auch hier der Runde Tisch aufgrund der Auflösung der Stadtverordnetenversammlung und der Übernahme der legislativen Funktionen zum eigentlichen politischen Entscheidungsgremium der Stadt. Mitgliederauswahl und Arbeitsweise der Kommission »Bildung und Erziehung« waren nicht nur basisdemokratisch, sondern in ihrer Praxis wohl einmalig für regionale Runde Tische in der DDR. Zwar gehörten die Kommissionsmitglieder den verschiedensten alten und neuen Parteien bzw. Gruppierungen an, es gab allerdings keine paritätische Besetzung der Kommission. Die Beratungen der Kommission waren öffentlich; es gab

---

[3] Vgl. GABRIELE KÖHLER: Anders sollte es werden (wie Anm. 1), S. 60 ff. und S. 387 ff.

kein dezidiert ausgehandeltes Platz- und Stimmenverhältnis, sondern wer zweimal anwesend war, zählte zu den Stimmberechtigten. So war es möglich, dass eine Person zweimal zu den Beratungen anwesend war, dann ein Thema setzte und, wenn der gewünschte Beschluss gefasst war, nicht wiedergesehen wurde. Diese unkonventionelle Form der Arbeit bot die Chance, dass sich Vertreter neuer Gruppierungen oder pädagogischer Initiativen die fehlende politisch-administrative Legitimation über den Runden Tisch der Stadt Leipzig einholten. Gleichzeitig bestand damit auch die Gefahr der Instrumentalisierung der Kommission. Aufgrund dieser Arbeitsweise war auch die Auswahl der Themen und Tagesordnungspunkte vielfach zufällig. Dennoch standen für den Runden Tisch der Stadt Leipzig neben der Erprobung neuer Schulmodelle auch solche relevanten Themen wie die Klärung der Arbeitsrechtsverhältnisse der »Modrow-Lehrer« sowie die Beseitigung der vormaligen Reglementierungen des Abiturzugangs und die Einrichtung von abiturvorbereitenden Klassen auf der Tagesordnung.[4]

Am Runden Tisch Bildung des Bezirkes Erfurt waren solche Themen weniger Gegenstand der Beratungen. Zwar wurde in den ersten Sitzungen Anfang 1990 die Aussetzung des Staatsbürgerkundeunterrichts mit sofortiger Wirkung beschlossen und anschließend darüber diskutiert, ob die ehemaligen Staatsbürgerkunde-Lehrer ein neues Fach Gesellschaftskunde unterrichten können. Zu anderen bildungspolitisch wichtigen Fragen, wie z. B. das Stellen der Vertrauensfrage der Schuldirektoren, das Überwechseln der »Modrow-Lehrer« in die Schulen und Bildungseinrichtungen, gab es am Runden Tisch Bildung des Bezirkes Erfurt kaum diskursiven Verständigungsbedarf. Demgegenüber standen Themen, die stärker auf den geforderten neuen pädagogischen Geist und dessen Umsetzung gerichtet waren, im Mittelpunkt. Dazu gehörten u. a. die Entideologisierung von Unterrichtsinhalten, eine Übergangskonzeption für einen gesellschafts- und sozialkundlichen Unterricht, die Einführung von Religionsunterricht in der Schule, Freizeitpädagogik (Erhalt der Betriebsferienlager, Freizeitgestaltung der Kinder und Jugendlichen), Probleme der Jugendhilfe und des Sonderschulwesens. In mehreren Sitzungen

---

[4] Vgl. ebd., S. 44 ff. und S. 309 ff.

intensiv beraten wurde die Lehrerausbildung an der Pädagogischen Hochschule Erfurt/Mühlhausen, ohne dass es allerdings zu einer Einigung über ein neues Konzept kam.[5]

Eine Besonderheit des Runden Tisches Bildung des Bezirkes Erfurt waren die wiederholt geführten Diskussionen über eine Zusammenführung von Runden Tischen für Bildung der Bezirke Erfurt, Gera und Suhl bzw. eines gemeinsamen Runden Tisches für das zu jener Zeit noch nicht existierende Land Thüringen. Eine solche Zusammenführung wurde angestrebt, letztlich jedoch nicht verwirklicht.

Eine absolute Ausnahme im Vergleich mit anderen Runden Tischen bildete die Einbindung von Beratern aus den alten Bundesländern. Vom Regierungspräsidium Gießen initiiert, wurde ein »Sofortprogramm zur Zusammenarbeit im Bereich des Schulwesens« bereits Anfang März 1990 am Runden Tisch vorgestellt.[6] In der Absicht, sich rechtzeitig in die anlaufenden politisch-administrativen Verhandlungen zwischen Hessen und Erfurt einzubringen, zeigte der Schritt zwar Gespür für die politische Großwetterlage, nicht aber ohne gleichzeitig die Dimensionen der Probleme einer gemeinsamen Neugestaltung erkennbar zu machen. So gelangte der Leiter des Runden Tisches in einer Beratung zu neuen universitären Ausbildungsprofilen Anfang Mai 1990 zu dem resümierenden Urteil: »Wir sind nicht kompatibel, die wissen nicht wirklich, was hier läuft. Wir müssen uns die Frage zumuten, wie wir selbst mit all dem fertig werden.«[7] Im Mai 1990 hatte sich der Runde Tisch Bildung des Bezirkes Erfurt als Legitimationsinstanz der Wende bereits überholt, bevor er selbst erst im Juli seine Arbeit für beendet erklärte.

Denn gleich nach den Wahlen zur Volkskammer wandelte sich das politische Klima in der DDR und mit ihm der eingeschlagene Weg der gesellschaftlichen Erneuerung. An die Stelle der basisdemokratischen Selbsterneuerung und der Bewältigung der Modernisierungserfordernisse aus eigener Kraft trat der Versuch, die Modernisierungserfordernisse über eine stärkere Anlehnung an die in der BRD vorhandenen Organisationsstrukturen zu bewältigen.

---

[5] Vgl. ebd., S. 33.
[6] Vgl. ebd., S. 194 ff.
[7] Protokoll. Runder Tisch »Bildung« – Bezirk Erfurt, 02.05.1990. In: Ebd., S. 227.

2. Die Gemeinsame Bildungskommission BRD/DDR und deren Unterkommission »Allgemeine schulische Bildung«

Was passierte mit den bildungspolitischen Reformvorstellungen im Einigungsprozess? Dazu ist zunächst darzustellen, was im Rahmen der Verhandlungen der beiden Bildungsministerien in der Gemeinsamen Bildungskommission BRD/DDR erfolgte und welche Ergebnisse erzielt wurden.

Meine These lautet: Im bildungspolitischen Einigungsprozess – die Aussagen sind hier wiederum auf den Bereich des allgemeinbildenden Schulsystems fokussiert – gingen beide Verhandlungspartner Kompromisse ein, die für die gesamte BRD bis heute nachhaltige Wirkung zeigen.

Zunächst und oberflächlich betrachtet schien es angesichts der Unterschiede beider Schulsysteme so, dass die von der Gemeinsamen Bildungskommission anvisierte »Zusammenführung beider Bildungssysteme« ausschließlich auf eine Übernahme der Grundlagen der bundesrepublikanischen Systementwicklung hinauslief. Gemessen an den bildungspolitischen Zielstellungen der Bürgerrechtsbewegung in der DDR, an den Verhandlungszielen der DDR-Seite resultierten die Verhandlungen in Kompromissen auf beiden Seiten.

In den Verhandlungen im Rahmen der Gemeinsamen Bildungskommission nicht durchsetzen konnte sich die DDR-Seite insbesondere hinsichtlich der am Zentralen Runden Tisch geltend gemachten Optionen: eines einklagbaren »Rechts auf lebenslange Bildung«, der Erarbeitung eines gesonderten, für alle neuen Bundesländer geltenden Bildungsgesetzes, des flächendeckenden Erhalts der »staatlich finanzierten zehnjährigen Regelschule« der DDR als Schulform.[8] Nicht durchgesetzt wurden auch die im Rahmen der Koalitionsverhandlungen zwischen CDU und SPD in einer »Bildungspolitischen Übereinkunft« artikulierten Optionen hinsichtlich der zehnjährigen Vollzeitschulpflicht, einer Beibehaltung der Berufsausbildung mit Abitur sowie der Beibehaltung des polytechnischen Unterrichts[9] Ebenso konnte auch

---

[8] Positionspapier des Zentralen Runden Tisches. In: ebd., S. 94 ff.
[9] Bildungspolitische Übereinkunft. In: Hans-Werner Fuchs/Lutz R. Reuter: Bildungspolitik seit der Wende. Dokumente zum Umbau des ostdeutschen Bildungssystems (1989–1994). Opladen 1995, S. 161.

die von der DDR-Seite in der Unterkommission »Allgemeine schulische Bildung« präferierte Ankopplung der zweiten Phase der Lehrerausbildung an die Universitäten nicht verwirklicht werden.

Entsprechende Optionen ließen sich nur im Rahmen der den Ländern vorbehaltenen Schulgesetzgebung realisieren oder wurden in modifizierter Form als befristete Übergangsregelungen zugelassen. Ebenfalls nur in diesem Rahmen der Ländergesetzgebung realisieren ließen sich die Optionen im Hinblick auf die Mitwirkungsrechte von Lehrern, Schülern und Eltern, die Beibehaltung von Kindertagesstätten, die Erhaltung von Schulhorten sowie von Spezialschulen und Spezialklassen.

Kompromisse konnten erzielt werden im Hinblick auf die Gleichwertigkeit von Abschlüssen, die teilweise Beibehaltung des 12-jährigen Abiturs, den Erhalt einer Schulform der Sekundarstufe I, die die unterschiedlichen Bildungsgänge und Abschlüsse enthält sowie hinsichtlich der Anerkennung erworbener Lehramtsbefähigungen.

Auf bundesrepublikanischer Seite gingen diese Kompromisse einher mit einer nachhaltig wirksamen Relativierung des Gebots der Einheitlichkeit zugunsten des Prinzips der Gleichwertigkeit. Die im Rahmen der Gemeinsamen Bildungskommission entwickelte Formel einer »gemeinsamen und vergleichbaren Grundstruktur«, die fortan den Begriff einer »einheitlichen Grundstruktur« ersetzte,[10] veränderte die für alle Länder der Bundesrepublik geltenden Grundlagen der Schulentwicklung entscheidend. Denn mit dieser Formulierung wird Einheitlichkeit auf die Funktion von Schulformen bezogen und nicht mehr an den Schulformen selbst festgemacht. Die Frage, in welchen Angebotsstrukturen die einzelnen Länder definierte Bildungsgänge vorhalten, wurde mit dieser Formel zu einem nachgeordneten Problem, solange dabei zu vereinbarende Qualitätsstandards eingehalten werden. Indirekt wurde damit die Kulturhoheit der Länder gestärkt sowie die Flexibilität gegenüber länderspezifischen Ausgangs- und Interessenlagen erhöht.

---

[10] GABRIELE KÖHLER/GEORG KNAUS/PETER ZEDLER: Der bildungspolitische Einigungsprozeß 1990. Verlauf und Ergebnisse der deutsch-deutschen Verhandlungen zum Bildungswesen. Opladen 2000, S. 109.

In der Bundesrepublik waren die Modernisierungsoptionen weit stärker strukturell ausgerichtet: sie reichten in den 1970/80er Jahren von der Verkürzung der Schulzeitdauer bis zum Abitur, der Neuvermessung schulischer Grundbildung, der Neuordnung der Lehrerausbildung bis hin zur Öffnung von Schule.

Die Blütenträume der Reformkräfte konnten allerdings nicht reifen. Von Beginn an spielten nach Auskunft der beiden Vorsitzenden der Unterkommission »Allgemeine schulische Bildung« in den deutsch-deutschen Verhandlungen weitreichende Reformoptionen auf beiden Seiten keine Rolle. Das hatte mehrere Gründe: Erstens galt es, der Kulturhoheit der künftigen Länder nicht vorzugreifen oder diese einzuengen. Zweitens wollten die Verhandlungspartner in der Unterkommission »Allgemeine schulische Bildung« »eigentlich über alles reden«[11]. Der aus den Terminstellungen der Vereinigung resultierende Zeitdruck sorgte aber dafür, dass schnell eine verbindliche Grundlage gefunden werden musste, die eine Unbestimmtheit in den Grundstrukturen vermied. Darüber hinaus war mit der Regierungserklärung des Ministerpräsidenten der DDR, Lothar de Maizière vom April 1990, in der der »Beitritt« der DDR nach Artikel 23 GG favorisiert wurde, der Zeitpunkt vorbei, zu dem die DDR-Delegation in der Unterkommission »Allgemeine schulische Bildung« Alternativentwürfe mit Aussicht auf Erfolg hätte einbringen können.

Die DDR-Vertreter in der Gemeinsamen Bildungskommission BRD/DDR und deren Unterkommission »Allgemeine schulische Bildung« begriffen sehr schnell, dass sich die Verhandlungsthematik auf einen passfähigen Rahmen reduzierte.

Was nahezu unbekannt ist, lässt sich anhand von Archivmaterialien und von geführten Interviews mit den Leitern der Unterkommission nachweisen: die DDR selbst war es, die mit ihren Schwerpunktsetzungen und Positionspapieren, die sie in die Unterkommission »Allgemeine schulische Bildung« kurz nach deren Konstituierung einbrachte, die Inhalte und den reibungslosen Verlauf sowohl der Verhandlungen in der Gemeinsamen Bildungskommission BRD/DDR als auch zum Einigungsvertrag nachhaltig beeinflusste. Zunächst schlug die DDR-Seite während einer Vorbesprechung der Unterkommission »Allgemeine

---

[11] Ebd., S. 50.

schulische Bildung« am 13. Juni 1990 folgende Themen für die Arbeit der Unterkommission vor: Gliederung der Schulstrukturen, inhaltliche Ausgestaltung, Vergleichbarkeit der Abschlüsse, Angleichung schulischer Bildung und Lehrerfragen.[12] Wenig später ergriff sie nach einer auf der zweiten Sitzung der Gemeinsamen Bildungskommission vorgeschlagenen Straffung des Arbeitsprogramms der Unterkommission »Allgemeine schulische Bildung« wiederum die Initiative. Am 9. Juli 1990 formulierte sie ihre »Positionen zu Grundstrukturen des Schulwesens in den Ländern der DDR zum Zwecke der Annäherung und Angleichung an die schulischen Grundstrukturen der Länder der BRD«[13]. In diesem Positionspapier bekannte sich die DDR-Seite zum Hamburger Abkommen[14] und den daran anschließenden Zusatzvereinbarungen. Das Ziel war eindeutig formuliert: die Angleichung an die Länder der Bundesrepublik. In Bezug auf die künftige Gestaltung der Lehrerausbildung ging die DDR beispielsweise bereits Mitte Juni von den in der Bundesrepublik praktizierten Grundsätzen aus und empfahl als generelle Voraussetzung für ein Lehrerstudium ab 1. September 1990 die Hochschulzugangsberechtigung und darüber hinaus die Zweiphasigkeit der Lehrerausbildung.

Das Positionspapier der DDR vom 9. Juli 1990 enthielt kraft Übernahme der in der Bundesrepublik geltenden Regelungen keinerlei Konfliktmaterie. Selbst in den Verhandlungen zum Einigungsvertrag bezogen sich die Verhandlungspartner nachweislich auf dieses Papier. In der Unterkommission »Allgemeine schulische Bildung« wurde das Positionspapier der DDR unter Berücksichtigung einiger präzisierender Beratungsergebnisse in eine Berichts- und Beschlußvorlage für die dritte, abschließende Sitzung der Gemeinsamen Bildungskommission umgearbeitet. Die so entstandenen »Grundsätze und Empfehlungen

---

[12] Ebd., S. 150 f.
[13] Ebd., S. 197 ff.
[14] Das Hamburger Abkommen wurde 1964 zwischen den Ländern der Bundesrepublik geschlossen. In ihm sind u. a. die Dauer des Schuljahres, Schulpflicht, Ferien und Fremdsprachenfolge sowie die Bezeichnungen der im allgemeinbildenden Schulwesen vorhandenen Schularten festgelegt. Mit Zustimmung zum Hamburger Abkommen wurden für die neuen Bundesländer die Bezeichnungen der Schularten übernommen, deren Einzelheiten in Nachfolgeabkommen und Vereinbarungen der KMK geregelt wurden.

zur Neugestaltung des allgemeinbildenden Schulwesens in den Ländern Brandenburg, Mecklenburg-Vorpommern, Sachsen, Sachsen-Anhalt und Thüringen sowie Berlin (Ost)« wurden dann am 26. September 1990 von der Gemeinsamen Bildungskommission BRD/DDR verabschiedet. Sie enthielten zwar keine substantiell vom Positionspapier der DDR abweichenden Veränderungen, darüber hinaus aber detaillierte Empfehlungen dazu, auf welchem Wege die Angleichung vonstatten gehen sollte. Im Abschnitt »Vollzeitschulpflicht« beispielsweise wird das Auslaufen der Ausnahmeregelung einer achtjährigen Schulbesuchszeit zugunsten einer neunjährigen Vollzeitschulpflicht und die Zuerkennung eines dem Hauptschulabschluss vergleichbaren Abschlusses empfohlen.[15] Der gelegentlich geäußerte Verdacht einer bildungspolitischen Kolonialisierung seitens der BRD ist durch den Verhandlungsverlauf also nachweislich zu widerlegen.

3. Auswirkungen des Einigungsprozesses auf Bildungspolitik und Schulentwicklung in den neuen Bundesländern

Wie sich in den 1991 bis 1993 verabschiedeten Bildungs- und Schulgesetzen der neuen Bundesländer zeigen sollte, nutzten die neuen Länder den Gestaltungsspielraum der in der Gemeinsamen Bildungskommission BRD/DDR und im Einigungsvertrag erzielten Rahmenvereinbarungen, um die als bewahrenswert eingeschätzten Elemente des DDR-Bildungssystems in den neuen Rahmen einzubringen. So wurde u. a. das »Recht auf Bildung« in zahlreichen Schulgesetzen der neuen Länder verankert, ebenso die »innere Erneuerung« als übergeordnetes Ziel von Lehrplanreform und Lehrerweiterbildung festgeschrieben. Über »Profilbildung« wurde der Gestaltungsspielraum von Einzelschule erhöht, schließlich durch ein Tableau von Modellversuchen den regionalen und örtlichen Interessen Rechnung getragen. An der 12-jährigen Schuldauer bis zum Abitur hielten außer Brandenburg und Berlin zunächst alle neuen Bundesländer fest. Mit Ausnahme von Mecklenburg-Vorpommern favorisierten die neuen Länder im Bereich des allgemeinbildenden Schulwesens ein zweigliedriges

---

[15] Ebd., S. 109 ff.

Schulformangebot. Ab 1994 findet sich schließlich in bildungspolitischen Programmen von Parteien und Koalitionsregierungen die Absicht zur Einführung einer zehnjährigen Vollzeitschulpflicht.

Betrachtet man die Entwicklung in den neuen Bundesländern seit 1990 insgesamt, so kann man konstatieren: hier wurde eine Vielzahl der Reformoptionen, die 1989/90 durch die Runden Tische artikuliert und andere, die in den Verhandlungen der Gemeinsamen Bildungskommission BRD/DDR und zum Einigungsvertrag zunächst verloren gegangen schienen, verwirklicht.

Literatur

Bildungspolitische Übereinkunft. In: Hans-Werner Fuchs/Lutz R. Reuter: Bildungspolitik seit der Wende. Dokumente zum Umbau des ostdeutschen Bildungssystems (1989–1994). Opladen 1995, S. 160–162.

Gabriele Köhler: Anders sollte es werden. Bildungspolitische Visionen und Realitäten der Runden Tische (Studien und Dokumentationen zur deutschen Bildungsgeschichte, Bd. 72). Köln/Weimar/Wien 1999.

Gabriele Köhler: Diskurs und Systemtransformation. Der Einfluß diskursiver Verständigungsprozesse auf Schule und Bildung im Transformationsprozeß der neuen Bundesländer. Göttingen 2009.

Gabriele Köhler/Georg Knaus/Peter Zedler: Der bildungspolitische Einigungsprozeß 1990. Verlauf und Ergebnisse der deutsch-deutschen Verhandlungen zum Bildungswesen. Opladen 2000.

Positionspapier des Zentralen Runden Tisches. In: Gabriele Köhler: Anders sollte es werden. Bildungspolitische Visionen und Realitäten der Runden Tische. Köln/Weimar/Wien 1999, S. 97–99.

Protokoll. Runder Tisch »Bildung« – Bezirk Erfurt, 02.05.1990. In: Gabriele Köhler: Anders sollte es werden. Bildungspolitische Visionen und Realitäten der Runden Tische. Köln/Weimar/Wien 1999, S. 222–229.

Helena Gand

Zukunftserwartungen im »demokratischen Jahr der DDR«. Hoffnungen und Ängste in Bürger*innenbriefen aus der DDR und der Bundesrepublik

Im Februar 1990 richtete sich eine DDR-Bürgerin in einem Brief an den Zentralen Runden Tisch der DDR, der zur Begleitung des dortigen Systemwechsels im Dezember 1989 einberufen worden war,[1] mit folgenden Worten:

> »Ja, ich habe Angst davor, das [sic!] man unser kleines Land zerfleischt. Erst müssen wir mit allen vernünftigen Bürgern [...] der DDR noch eine Menge selbständige Schritte gehen, und erst muß sich im westlichen Nachbarland auch einiges tun, bevor wir ›zusammenpassen‹.«[2]

In diesem Beispiel werden exemplarisch die Bedenken in der deutschdeutschen Gesellschaft nach dem Mauerfall deutlich, die nicht nur hinsichtlich der Veränderungen des wirtschaftlichen und des sozialen Lebens groß waren. Der Umbruch in der DDR brachte auch Befürchtungen bezüglich des gesellschaftlichen Zusammenwachsens mit sich, wie die für diesen Beitrag untersuchten Briefe[3] aus der Bevölkerung

---

[1] Zu dem Zentralen Runden Tisch der DDR vgl. FRANCESCA WEIL: Die runden Tische in der DDR 1989/1990. Erfurt 2014.

[2] Bundesarchiv Berlin (= Barch Berlin) DA 3 Zentraler Runder Tisch der DDR, Bd. 71: Zuschriften zur Wiedervereinigung, Bl. 32: Brief einer Bürgerin der DDR an den Zentralen Runden Tisch der DDR, 14.02.1990.

[3] Der Beitrag stellt erste Zwischenergebnisse aus dem Dissertationsprojekt »Zukünfte am Ende des Kalten Krieges. Angst- und Hoffnungsszenarien um das nationale Selbstverständnis im deutsch-deutschen Transformationsprozess« vor. Darin werden u. a. Briefe und Zuschriften an politische Institutionen auf Bundesebene in der Bundesrepublik und der DDR (Parlamentsausschüsse, Fraktionen, Parteien und politische Gruppierungen, Zentraler Runder Tisch der DDR, Einzelpersonen) untersucht. Angesichts der durch die Coronavirus-Pandemie erfolgten Archivschließungen konnten noch nicht alle gewünschten Archivalien ausgewertet werden. So fehlen die Quellen u. a. aus dem Bundesarchiv Koblenz und der Friedrich-Naumann-Stiftung noch gänzlich, Bestände aus anderen

an politische Mitdenker*innen in der DDR und der Bundesrepublik Deutschland während des »demokratischen Jahres der DDR« zeigen. Aus der Ungewissheit im Herbst 1989 entstanden auch eine Vielzahl von Hoffnungen, die um die Frage nach einem neuen gesellschaftlichen »Wohin« kreisten. Der Umbruch nach dem Mauerfall löste nicht nur die Suche nach einem passenden politischen und sozialen System für die DDR aus, sondern befeuerte auch die seit fast 200 Jahren im Raum stehende »Deutsche Frage« wieder.[4] Identitätsdebatten erhielten in der Folge politisch und gesellschaftlich in beiden deutschen Staaten starken Aufwind. Denn nun bestand die Möglichkeit, das vierzigjährige deutsch-deutsche Provisorium zu beenden. Dass aber die DDR in weniger als einem Jahr als Staat zu existieren aufhören und der Untergang des sozialistischen Systems zur »unverhofften Einheit«[5] führen würde, damit konnte im November 1989 vorerst niemand rechnen. Heute ist die Offenheit der Frage nach der Entwicklung der deutsch-deutschen Gesellschaft überlagert von der Erfolgsgeschichte der Wiedervereinigung, deren soziale und kulturelle Vereinigungskrise erst spät in das Blickfeld der Forschung geriet.[6] 1989 wurde rückblickend zu einer Zäsur erklärt, die eine »teleologische Ordnungskraft« in der Meistererzählung des 20. Jahrhunderts

---

Archiven konnten nur teilweise gesichtet werden. Die hier verhandelten Inhalte beziehen sich auf die Untersuchung von ca. 600 Briefen aus folgenden Archiven: Bundesarchiv Berlin (= Barch), Archiv Grünes Gedächtnis (= AGG), Archiv der Rosa-Luxemburg-Stiftung (= RLS), Parlamentsarchiv des Deutschen Bundestags (= PA DBT), Archiv der Konrad-Adenauer-Stiftung (= KAS), Archiv der Friedrich-Ebert-Stiftung (= FES). Von den untersuchten Briefen können 340 Briefe eindeutig Absender*innen aus der DDR bzw. aus der ehemaligen DDR zugeordnet werden. Knapp 200 Briefe stammen von Personen aus der Bundesrepublik. Die übrigen Briefe sind entweder anonym geschrieben worden, die Adresse ist nicht mehr erkennbar oder wurde nicht archiviert oder die Absender*innen stammten aus dem Ausland.

[4] ANDREAS WIRSCHING: Die Mauer fällt. Das Ende des doppelten Deutschland. In: UDO WENGST/HERMANN WENTKER (HRSG.): Das doppelte Deutschland. 40 Jahre Systemkonkurrenz. Bonn 2008, S. 357–372, hier S. 372.

[5] Vgl. KONRAD JARAUSCH: Die unverhoffte Einheit. 1989–1990. Frankfurt am Main 1995.

[6] Vgl. z. B. die Mikrostudie von STEFFEN MAU: Lütten Klein. Leben in der ostdeutschen Transformationsgesellschaft. Berlin 2019, oder SASCHA-ILKO KOWALCZUK: Die Übernahme. Wie Ostdeutschland Teil der Bundesrepublik wurde. München 2019.

schuf und einen Fluchtpunkt allein auf die Wiedervereinigung legte.[7] Durch die in diesem Beitrag angelegte Fokussierung auf »vergangene Zukünfte«[8] während der Transformationszeit werden Alternativen zu tatsächlichen Entwicklungen in den Blick genommen und somit wird der Wiedervereinigungsprozess per se als offen verstanden. Dementsprechend soll zur Weitung des Fluchtpunktes 1989 beigetragen werden, wie er inzwischen in der Geschichtswissenschaft gefordert wird.[9]

Im Mittelpunkt steht die Frage, wie die Erwartungen in der Bevölkerung in Ost und West hinsichtlich der gesellschaftlichen und politischen Weiterentwicklung gelagert waren und inwieweit sie dabei von positiven Zukunftsszenarien (Hoffnungen) oder negativen (Ängsten) geprägt waren. Gerade in Umbruchszeiten spielen Emotionen eine wichtige Rolle für Entscheidungen, können sie doch zum »Motor gesellschaftlicher Reformprozesse«[10] oder zu unmittelbaren Katalysatoren für ein bestimmtes Zukunftshandeln werden. In beinahe jeder Erzählung über die Friedliche Revolution wird an die große Welle der Euphorie und die schier grenzenlose Hoffnung auf eine bessere Zukunft erinnert. Da Hoffnungen und ihr Gegenbild Ängste als Emotionen einen prospektiven Charakter aufweisen, indem sie das Zukünftige vergegenwärtigen,[11] eignen sich diese beiden Gefühlsäußerungen, um vergangene Erwartungen herauszuarbeiten. Vergangene Erwartungen sind gleichzeitig Chiffren für den Erfahrungsraum als auch für

---

[7] MARTIN SABROW: Die historische Herausforderung der deutschen Einheit. In: DERS. (HRSG.): Die schwierige Einheit. Leipzig 2016, S. 9–24, hier S. 19 f.

[8] REINHARDT KOSELLECK: Vergangene Zukunft. Zur Semantik geschichtlicher Zeiten. Frankfurt am Main 1995.

[9] JENNIFER ALLEN: Against the 1989–1990 Ending Myth. In: Cent Eur Hist 52 (2019/1), S. 125–247; MARY ELISE SAROTTE: 1989. The Struggle to Create Post-Cold War Europe. Princeton 2009.

[10] Vgl. BETTINA FREVERT/UTE FREVERT: Die Macht der Gefühle. Ausstellung der Stiftung Erinnerung, Verantwortung Zukunft und der Bundesstiftung zur Aufarbeitung der SED-Diktatur. URL: https://machtdergefuehle.de/ausstellung/konzept (letzter Zugriff: 12.05.2021).

[11] Vgl. FRANK BIESS: Republik der Angst. Eine andere Geschichte der Bundesrepublik. Reinbek 2019, S. 19; STIG FÖRSTER: Angst und Panik. »Unsachliche« Einflüsse im politisch-militärischen Denken des Kaiserreiches und die Ursachen des Ersten Weltkriegs. In: BIRGIT ASCHMANN (HRSG.): Gefühl und Kalkül. Der Einfluss von Emotionen auf die Politik des 19. und 20. Jahrhunderts. Stuttgart 2005, S. 74–86, hier S. 82.

Selbstverortungen und Entwicklungstendenzen vergangener Gesellschaften, wie Reinhard Koselleck es in seiner Schrift über die »Vergangene Zukunft« ausmacht.[12] Über die Analyse vergangener Erwartungen kann so die Offenheit der damaligen Zeit besser verstanden werden, die angesichts der tatsächlichen Gegebenheiten heute in Vergessenheit geraten ist.

Als Quellengattung werden dafür Bevölkerungszuschriften an Politiker*innen in der DDR und der Bundesrepublik ausgewertet, die sich inhaltlich mit Erwartungen zur gesellschaftlichen Weiterentwicklung der DDR bzw. mit Vorstellungen zur deutschen Einheit auseinandersetzen.[13] Sie sollen Aufschluss darüber geben, welche Erwartungen aus der Bevölkerung an die politische Ebene 1989/90 hinsichtlich der gesellschaftlichen Neuformierung herangetragen wurden. Was waren damals denkbare Alternativen, die sich nicht durchgesetzt haben? Bei welchen Themen wurden Ängste vor der zukünftigen Wiedervereinigung deutlich? Wie unterschieden sich die Transformationserwartungen in Ost und West?[14] Schließlich – leisteten diese Wahrnehmungen dem heute zunehmend präsenter gewordenen Enttäuschungsnarrativ[15] der Wiedervereinigung Vorschub?

---

[12] REINHARDT KOSELLECK: Vergangene Zukunft. Zur Semantik geschichtlicher Zeiten. Frankfurt am Main 1995, S. 357–359.

[13] Bisher untersuchte Bestände sind u. a.: Archiv der RSL VK/10. WP 04, 06-50, 87-95; PDS-OV 002-007, 010-019, 048-076, 290, 386-387, AGG B III 1-5, 7, 11, 20-22, 24, 25, 26-30, 32-33, 46, 48, 54, 60, 61, 64, 68-74, 78-101; A Fischer; B II.1 2197, 2206, 2306, 2308, 2312, 326-327, 2324-2325, 5148, 5151-5154, 31145989, 5987, 2082; BArch Berlin DA 1 17580; DA 1 16733; DA 1 17581; DA 1 17584; DA 3 1-81; DY 2 701, DY 16/1889; DY 30 70364; DY 30 70378; DY 30 70399; DY 60 4990; PA DBT 3105 ADE 11,06 ADE 11,13; ADE 11, 22-24; Archiv der FES 1 HSAA 011602-011605; FES 2 PVDE 000349-350; FES 2 SDPA 000087; FES 2 SDPA 000138; FES 2 BTF 11. WP 12504-12506; 12526-12527; FES WBA A10 1 173, 174; FES WBA A12 3-8; A 12 20-21; Archiv der KAS I-347 150/1; KAS 07-10 3623; 3758; KAS VIII-01 633/1; 638/1-3; KAS 07-006 127/1.

[14] Eine Differenzierung der Briefe nach Adressat*innen oder weiterer sozialer Merkmale der Absender*innen kann indes im Rahmen dieses Beitrags nicht geleistet werden.

[15] MARTIN SABROW: Die historische Herausforderung der deutschen Einheit (wie Anm. 7), S. 9.

Zur Quellengattung

»Werter Herr Ministerpräsident, [h]eute wende ich mich als parteiloser Bürger und als Invalidenrentner der DDR (54 Jahre) mit einem Brief an Sie. Hiermit möchte ich meine ehrliche Meinung zur gegenwärtigen Lage in unserer Republik zum Ausdruck bringen. [...]«

Viele der Zuschriften beginnen ähnlich, wie dieser am 21. Juni 1990 aus Niepars gesendete Brief, adressiert an Lothar de Maizière.[16] Ein betonter Durchschnittsbürger richtet sich an die politische Führungsebene in Form einer konkreten Person, die der Lebenswelt der breiten Gesellschaft entrückt erscheint, und sucht förmlich den Austausch von Mensch zu Mensch. Der Autor möchte seine »ehrliche Meinung« mitteilen, um der Entwicklung in der Volkskammer entgegenzuwirken, dass – so seine Beobachtung – »[...] das Volk nunmehr ja gar nichts mehr zu sagen [habe]« und »Mitspracherecht« eine »glatte Fehlanzeige« sei.[17] Der Schreibende setzt sich damit in direkte Beziehung mit dem Staat, personalisiert in Form des Ministerpräsidenten, und gibt ihm Einblick in seine persönliche und damit gleichzeitig in eine populäre Weltsicht. Dem Verständnis einer Kulturgeschichte des Politischen[18] folgend, ist der Bürger*innenbrief als ein Medium der politischen Kommunikation zu identifizieren. Dem Schreibenden eröffnet die direkte Kommunikation mit dem Staat einen Möglichkeitsraum der politischen Teilhabe und der demokratischen Mitgestaltung.[19] Briefe an die politische Machtebene sind seit der Vormoderne ein Instrument der Partizipation,[20] ein Mittel zur demokratischen

---

[16] AGG B III.1 Nr. 11: Korrespondenz mit Bürgern und Verbänden, o. P.: Brief aus Niepars (DDR) an Lothar de Maizière, 21.06.1990.

[17] Ebd.

[18] THOMAS MERGEL: Kulturgeschichte der Politik, Version 2.0. In: Docupedia-Zeitgeschichte, 22.10.2012, URL: https://docupedia.de/zg/Kulturgeschichte_der_Politik_Version_2.0_Thomas_Mergel (letzter Zugriff: 12.05.2021); ACHIM LANDWEHR: Diskurs – Macht – Wissen. Perspektiven einer Kulturgeschichte des Politischen. In: *Archiv für Kulturgeschichte* (85/2003), S. 71–118.

[19] MICHAELA FENSKE: Schreiben als Praxis der Selbst-Beheimatung. Briefe aus der Bevölkerung an Politiker und politische Institutionen nach 1950. In: BIOS 27 (2014), S. 125–138, hier S. 134.

[20] Ebd., S. 125.

Aushandlung. Das unterscheidet den »Bürgerbrief«[21] von den bis ins frühe 20. Jahrhundert hinein gängigen »Adressen« an die Obrigkeit, die meist nicht über »Unterthänigkeits- und Schmeicheleidemonstrationen« oder auch Schmähungen hinausgingen.[22] Dennoch kann der Bürger*innenbrief diese Charakteristika, sowohl Zustimmung und Verehrung als auch Beleidigungen, implizieren. Er ist anders als die verfassungsrechtlich verankerte Petition oder Eingabe,[23] die einer festen Form folgen, informeller, persönlicher und oftmals emotionaler gestaltet. Im Schreiben an den Staat wird vielmehr ein aktiver und kreativer Prozess der Bevölkerung sichtbar, in der sie die gegenwärtige Situation für sich sortiert, Gefühle ordnet und darüber hinaus politisch partizipieren und der eigenen Selbstwirksamkeit nachfühlen möchte.[24] Den Adressat*innen liefern die Briefe hingegen Einblick in gesellschaftliche Stimmungslagen. Die Zuschriften dienen somit als Informationsquelle für das lebensweltliche Erleben des Zeitgeschehens. Auch wenn den Zuschriften von Politiker*innen meist keine große Bedeutung beigemessen wurde – in der Regel reichten Antwortschreiben nicht über bereits vorgefertigte Texte hinaus – wurden sie durchaus zur Kenntnis genommen und ein formales Prozedere hierfür entwickelt. Oftmals wurden eigens dafür Referate auf Kommunal-, Landes- und Bundesebene eingerichtet, die für Eingaben, Zuschriften und Petitionen zuständig waren.[25]

Doch erschöpft sich die Relevanz der Briefe nicht allein darin, ein Kommunikationsmittel für die zeitgenössische Politik zu sein. Vielmehr sind sie heute auch als Quellen für die Emotionsgeschichte lesbar. Die

---

[21] Mit dieser Begrifflichkeit folge ich der von Harm-Peer Zimmermann dargelegten Definition, vgl. HARM-PEER ZIMMERMANN: Stimmen aus dem Volk. Bürgerbriefe an Helmut Schmidt anlässlich des Konstruktiven Misstrauensvotums 1982. In: Vokus 15 (2005), S. 4–38, hier S. 9–12.

[22] THEODOR WELCKER: Petition, Adresse, Beschwerde, Vorstellung; Petitionsrecht. In: CARL VON ROTTECK/THEODOR WELCKER (HRSG.): Staats-Lexikon. Altona 1841, S. 444–466, hier S. 444, zitiert nach: HARM-PEER ZIMMERMANN: Stimmen aus dem Volk (wie Anm. 21), S. 9–12.

[23] Zur Tradition der Eingaben in der DDR vgl. FRANK MÜHLBERG: Bürger, Bitten und Behörden. Geschichte der Eingabe in der DDR. Berlin 2004.

[24] MICHAELA FENSKE: Schreiben als Praxis der Selbst-Beheimatung (wie Anm. 19), S. 127.

[25] Vgl. beispielsweise die AG Zuschriften/Eingaben der PDS-Fraktion, vgl. RLS VK/ 10 WP 95.

besondere Qualität dieser bisher wenig beachteten Quellengattung der politischen Kommunikation zeichnet sich dadurch aus, dass in den Briefen Erfahrungen und Wahrnehmungen sowie Erwartungen und Enttäuschungen vergangener Gesellschaften greifbar werden. Sie geben uns heute Einblick in das Erleben und Deuten der Zeitgenoss*innen und in gesellschaftliche Stimmungslagen.[26] Tatsächlich erreichten die Abgeordneten der DDR-Volkskammer, die Abgeordneten des Bundestages sowie die Teilnehmenden des Zentralen Runden Tisches der DDR monatlich mehrere Hunderte Briefe. Viele davon thematisierten die aktuelle politische Lage und behandelten Fragen zur Wiedervereinigung bzw. zur Reformierung der DDR. Aus den Briefen lassen sich kollektive und individuelle Erwartungen und Unsicherheiten herauslesen, die hinsichtlich der Wiedervereinigung in Deutschland vorhanden waren. Gleichzeitig sind sie Zeugnis demokratischer Partizipation im Jahr des Umbruchs. Daher sind die Bürger*innenbriefe eine hilfreiche Quelle, um auch Aussagen über tatsächlich ausgeübte politische Teilhabe im »demokratischen Jahr der DDR« treffen zu können.

Briefaufkommen und Herkunft der Schreibenden

Die Schwierigkeiten der Handhabung dieser Quellengattung liegen u. a. an der archivarischen Überlieferung, die dazu führt, dass sich aus den Briefen keine Aussagen ergeben, die für die Gesellschaft repräsentativ sind. Die Schriftstücke wurden meist nicht länger als drei Jahre verwahrt oder von den Archiven später in der Regel kassiert. Briefe, die archiviert wurden, sind eher als Zufallsprodukt, teilweise gesammelt zu bestimmten Thematiken, überliefert worden oder befinden sich in Nachlässen einzelner Personen, die je nach Popularität oder Relevanz aufbewahrt wurden. Hetzbriefe, Gewaltandrohungen und dergleichen sind z. B. kaum überliefert, was nicht darauf zurückzuführen ist, dass sie nicht geschrieben wurden, sondern dass sie an andere Behörden weitergegeben wurden.[27] Auch sind zur sozialen

---

[26] HARM-PEER ZIMMERMANN: Stimmen aus dem Volk (wie Anm. 21), S. 4.
[27] Ebd., S. 29.

Struktur der Schreibenden kaum generalisierende Aussagen zu treffen. Da die Zuschriften keiner festen Form folgen mussten, sind die Angaben zum biographischen Hintergrund der Absender*innen in den Briefen hochgradig heterogen – von der auf mehreren Seiten erläuterten Lebensgeschichte bis hin zur Postkarte ohne Absender*in findet sich alles in den Archivbeständen. Allgemeingültige Aussagen zum genauen Briefaufkommen zur deutschen Einheit und zur Herkunft der Schreibenden sind dementsprechend schlichtweg nicht möglich.

Hilfreich für die Forschung sind heute aber die zusammengestellten Listen der oben genannten, für die Bearbeitung der Zuschriften errichteten Abteilungen zum Gesamtvolumen der Briefe und deren Kernaussagen. Durch sie kann zumindest ein Gefühl für die Masse der Briefe und ihre Anliegen vermittelt werden, wenn auch die Briefe selbst in der Vollständigkeit nicht mehr erhalten sind. Exemplarisch wird hier die computergestützte Auswertung der Briefe an die PDS-Fraktion angeführt. Die »AG Zuschriften/Eingaben der PDS-Fraktion« listet darin die 560 Zuschriften mit insgesamt 6.569 Unterschriften, die von Mai bis Oktober 1990 dezidiert an die Geschäftsstelle der PDS-Fraktion geschickt wurden, und ordnet sie nach Ursprungsort, Anliegen und sozialem Hintergrund. Knapp 150 dieser Zuschriften wurden von Vereinigungen und Kollektiven verfasst, wodurch die hohe Anzahl an Unterschriften erklärbar wird. Von den 560 Zuschriften stammen ungefähr ein Fünftel nicht aus der DDR, sondern aus der Bundesrepublik oder dem europäischen Ausland. Die Mehrheit der Absender*innen sind Angestellte und Arbeiter*innen (145) sowie Angehörige der »Intelligenz« (79). Von 210 Personen kennen wir jedoch die Herkunft nicht. Fast die Hälfte der Schreibenden ist parteilos (260) und wird auch nicht unter »linke Sympathisanten« gelistet, wodurch deutlich wird, dass nicht nur Parteizugehörige den Kontakt zur Fraktion suchten. Die Mehrheit der Schreibenden scheint männlich zu sein, so werden Frauen (90) neben Familien (16) und Kindern (36) gesondert gelistet. Inhaltlich befassen sich 15 Prozent der Briefe dezidiert mit Fragen der deutschen Einheit, wodurch das Thema auf dem zweiten Platz knapp unter dem mit einem Prozent darüberliegenden Inhaltspunkt »soziales Netz« rangiert. Dezidierte Ablehnung (66) oder Zustimmung (57) sind in den Briefen etwa gleichermaßen verteilt, wobei die 57 zustimmenden Briefe fast ausschließlich Lob für die PDS-Fraktion beinhalten. Hingegen befassen sich von den 66 ablehnenden Briefen allein 19 Zuschriften mit der deutschen Einheit und nur in 13 Fällen richtet sich die Ablehnung gegen die Fraktionsarbeit.[28]

Im Vergleich zum Briefaufkommen an Bundeskanzler Helmut Schmidt beispielsweise, der anlässlich des konstruktiven Misstrauensvotums 1982 allein im Dezember 1982 mindestens 983 Briefe bekam,[29] scheint das Gesamtvolumen der Briefe an die PDS-Fraktion in den Monaten vor der Wiedervereinigung relativ gering zu sein. Briefe, die sich direkt an einzelne Fraktionsmitglieder richten, wurden in die Auswertung der PDS-Fraktion jedoch nicht mit einbezogen, sodass die tatsächliche Anzahl der Zusendungen weitaus höher gelegen haben wird. An den Außenminister Hans-Dietrich Genscher wurden beispielsweise im Jahr 1990 vom Referat des Auswärtigen Amtes insgesamt 349 Schreiben, die sich allein zur Thematik der deutschen Einheit äußerten, erfasst.[30] Die Zahlen belegen zwar kein exorbitantes Briefaufkommen, jedoch zeigt ihre gesonderte Auflistung, dass durch den Umbruch in der DDR das Schreibverhalten in der Bevölkerung zunahm.

Grundsätzlich kann – ähnlich der Zusammenfassung der Briefe an die PDS-Fraktion – festgehalten werden, dass die hier untersuchten Briefe, die Angaben zur Herkunft enthalten, aus einem breiten sozialen Spektrum von Schreibenden verfasst wurden. Überraschend ist dabei, dass nicht nur die »Elite« zum Stift griff und sie somit auch nicht als wichtigste Gruppe unter den Schreibenden identifiziert werden kann, sondern sehr häufig auch der »einfache Bürger«. Ob Professorin oder Bauer, Bundesbürgerinnen oder DDR-Bürger, Zugezogene aus anderen Ländern oder Ausgewanderte, Menschen mit Beeinträchtigung, Rentnerinnen oder Kinder – die soziale Herkunft oder der soziale Stand der Absender*innen war vielfältig. Selbst die Briefe ohne biographische Angabe zeugen von einer breiten Masse an Schreibenden

---

[28] RLS, VK/10 WP 95: Zuschriften und Eingaben an die PDS-Fraktion, Bl.19–29: Computergestützte Auswertung der Zuschriften an die PDS-Fraktion vom 1.05.1990 bis 10.10.1990, Berlin 10.10.1990.

[29] Harm-Peer Zimmermann: Stimmen aus dem Volk (wie Anm. 21), S. 4.

[30] Vgl. PA AA, Referat 412, Az. 412-401.00/20. Wie viele Briefe Genscher indes auch zu anderen Inhalten erhielt, wurde dort nicht erfasst.

mit wenig formaler Bildung, darauf deutet die Häufigkeit orthographischer Fehler hin. Dass Menschen mit akademischem Hintergrund überraschenderweise nicht die Mehrzahl an Briefschreibenden darstellten, könnte darauf zurückzuführen sein, dass ihnen auch andere Wege zur politischen Teilhabe zugänglich waren, z. B. in Form des aktiven Engagements für neue politische Organisationen in der Bürger*innenbewegung. Vorwiegend waren die Schreibenden in den untersuchten Briefen, die persönliche Angaben enthalten, eher Menschen, die aufgrund ihres Hintergrundes von sonstiger Teilhabe ausgeschlossen waren bzw. sich nicht anderweitig aktiv engagierten konnten oder wollten.[31]

Die untersuchten Briefe zur deutschen Einheit stellen somit keine quantitative Quellengattung mit einem Anspruch auf Vollständigkeit in Bezug auf Aussagen zu »der Bevölkerung« dar. Dennoch erscheinen sie als lohnenswerte Grundlage in qualitativer Hinsicht, die Aufschluss über die tatsächliche Pluralität an Zukunftserwartungen im Umbruchsjahr geben. Die Briefe vermitteln einen Eindruck der damaligen Hoffnungen und Befürchtungen der Schreibenden, ohne dass diese durch das nachträgliche Erinnern verändert wurden.

Hoffnungen und Ängste in den Briefen

Was aber waren die Inhalte, die in den untersuchten Schreiben zum Ausdruck kamen? Welche Sorgen hatten die Schreibenden, welche Hoffnungen und Erwartungen zeigten sich darin hinsichtlich der gesellschaftlichen Entwicklung und an welchen spezifischen Aspekten wurde Teilhabe ausgehandelt?

Als der Umbruch in der DDR im November 1989 die Mauer zwischen Ost und West öffnete, begann ein unerwartet schneller Prozess der politischen und gesellschaftlichen Transformation in Deutschland. Die Entwicklung hin zur deutschen Einheit als sich durchsetzender Weg und die Geschwindigkeit, mit der sie vorangetrieben wurde, waren weder für die Menschen in der Bundesrepublik noch für die

---

[31] Zu diesem Ergebnis kommt auch MICHAELA FENSKE in: DIES.: Schreiben als Praxis der Selbst-Beheimatung (wie Anm. 19), S. 129 f.

Bevölkerung in der DDR vorauszusehen.[32] Bis die DDR am 3. Oktober 1990 der Bundesrepublik beitrat, waren vielerlei Wege der gesellschaftlichen Transformation denkbar, wie sich auch aus den untersuchten Briefen herauslesen lässt.

Briefe aus der DDR

Wie in dem eingangs zitierten Brief, in dem die Absenderin Angst davor äußerte, das eigene Land würde durch die Wiedervereinigung »zerfleischt«, durchlebten viele Menschen in der DDR im Laufe des Transformationsprozesses Verlusterfahrungen und vormals große Hoffnungen wurden enttäuscht. Zwar kanalisierte spätestens die erste freie Volkskammerwahl im März 1990 die Erwartungen stark in Richtung Wiedervereinigung. In den Wochen vor der Wahl finden sich jedoch auch viele Stimmen, die von anderen Erwartungen durchsetzt waren. Gerade für die Generation, die nach dem Mauerbau aufwuchs, war die deutsche Einheit als Leitgedanke im Vergleich zu ihrer Mütter- und Vätergeneration zunehmend in Vergessenheit geraten.[33]

Verbreitet in den Briefen war so auch das Wunschdenken einer Reformierung des gesellschaftlichen und politischen Systems in der DDR, das sich zu einer freiheitlichen und demokratischen Ordnung bekennen sollte. Oftmals sind Hoffnungen auf eine demokratische Erneuerung der DDR, auf einen »Dritten Weg«, herauslesbar. Die Wahrung der Eigenständigkeit der DDR, die Entwicklung einer solidarischen Gesellschaft, die Gewährleistung von Freiheit und sozialer Gerechtigkeit, um eine sozialistische Alternative zur Bundesrepublik zu entwickeln und ein gleichberechtigter Nachbar in einem friedlichen Europa zu sein, waren immer wieder genannte Hoffnungen in den Briefen, die sowohl an die politische Ebene der Bundesrepublik als auch der DDR gerichtet wurden.[34] Dabei wurden von den

---

[32] MARTIN SABROW: Die historische Herausforderung der deutschen Einheit (wie Anm. 7), S. 17.

[33] ULRIKE POPPE: Atemlos in die Einheit. Als die Steine ins Rollen kamen. In: MARTIN SABROW (HRSG.): Die schwierige Einheit. Leipzig 2016, S. 189–205, hier S. 192 f.

[34] Zum Beispiel RLS PDS PV 003: Außerordentlicher Parteitag, Bl. 755-759: Brief an Gregor Gysi, 6.12.1989; KAS 07-001-633/1: Büro des Fraktionsvorstandes,

Absender*innen konkrete Schritte benannt, die die Adressat*innen für diese Ziele umzusetzen hätten. Man solle wahrhaft »marxistisch-leninistische Grundlagen« schaffen und für die »Bestrafung aller Partei- und Staatsverbrechen« sorgen.[35] Es müsse möglichst schnell zu einer Verfassung mit sozialistischen Werten gefunden werden, für ausländische Investitionen müsse die DDR attraktiver werden und die Wirtschaft müsse im Sinne »kapitalistischer Strukturen« reformiert werden. Zudem wurde mehrfach darauf hingewiesen, das »kreative Potential der Bevölkerung zu nutzen« und mehr Teilhabe zuzulassen.[36] Dabei wurde gleichzeitig Besorgnis über den Verlust der Strahlkraft der Bürger*innenbewegung formuliert und die Rückläufigkeit der angeschobenen Prozesse befürchtet.[37]

Die Erwartungen bezüglich eines »Dritten Wegs« zeigen sich zudem in den formulierten Befürchtungen und Ängsten hinsichtlich des Verlusts von Heimat als Teil der eigenen Identität oder als politische Heimat. Das verwundert nicht. Vier Jahrzehnte lang wurde die DDR als Heimat und Nation durch Politik und Ikonografie propagiert. Die Heimat DDR sollte Sicherheit suggerieren,[38] ein Zugehörigkeitsgefühl vermitteln und einen eigenen Sozialisierungsrahmen schaffen,[39] gleichsam als Gegenfolie zum westdeutschen Modell. Zwar war der Heimatbegriff eher von oben verordnet und für viele Bürger*innen bedeutete dies mehr Identitätszwang als -wahl. Dennoch finden sich in den Briefen vielerlei Bezüge, die mit Ängsten eines möglichen Heimatverlustes einhergingen und dementsprechend zeigte sich eine gewisse Erwartungshaltung an die Politik, das eigene Land zu erhalten und es neu zu gestalten.

Deutschlandpolitik, o. P.: Brief an den Abgeordneten Alfred Dregger von einem DDR-Bürger, 21.10.1989.

[35] RLS PDS-PV 003: Außerordentlicher Parteitag, Bl. 212: Brief des VEB Behälterglas vom 4.12.1989 an den SED-Parteivorstand.

[36] RLS PDS PV 003: Außerordentlicher Parteitag, Bl.755-759: Brief an Gregor Gysi, 6.12.1989.

[37] RLS VK/10.WP-93, Bl. 204: Brief aus Brandenburg an Sabine Bergmann-Pohl, 5.9.1990.

[38] Vgl. zur Bedeutung von Heimat: HERMANN BAUSINGER: Auf dem Weg zu einem neuen, aktiven Heimatverständnis. In: HANS-GEORG WEHLING (HRSG.): Heimat heute. Stuttgart 1984, S. 211–216, hier S. 215.

[39] STEFFEN MAU: Lütten Klein (wie Anm. 6), S. 93.

In einem Brief, der auf den 20. Februar 1990 datiert ist, stellt ein Ehepaar aus der DDR an die Teilnehmenden des Runden Tisches bezüglich ihrer Erwartungen an die Weiterexistenz der DDR sehr eindringliche Fragen:

»Wohin können und dürfen diejenigen DDR-Bürger gehen, die nicht für den Unsinn einer sofortigen Vereinigung und nicht für den Unsinn einer sofortigen Währungsunion sind? Wohin? Wir haben uns bisher als Deutsche und vor allem als DDR-Bürger gefühlt. Wer hat nun das Recht uns diese Identität als DDR-Bürger mit eigenem souveränen Staat abzusprechen? Die, von übertriebenen National-Deutschtum und dem kapitalistischen System verblendete, angebliche Mehrheit?«[40]

Neben der Angst vor dem Heimatverlust werden in den Briefen auch Ängste vor einem wieder aufkommenden Nationalismus, anwachsendem faschistischen Gedankengut und der Zunahme rassistischer Haltungen benannt. Im Zuge des Ansteigens von rechtsextremistischen Ausschreitungen und des Erstarkens von neofaschistischen Gruppierungen in der DDR seit spätestens Frühjahr 1990 mehrten sich in den Briefen artikulierte Ängste vor dem Verlust der antifaschistischen Identität.[41] So wandte sich beispielsweise eine Berlinerin mit einem Neujahrsschreiben an den Runden Tisch mit folgenden Worten:

»Ich habe Angst, daß mir Neonazis morgen vielleicht meine Wohnungstür eintreten könnten. [...] Unser Land ist aus dem Antifaschismus heraus geboren, als antifaschistisch-demokratische Ordnung, [...] die ich nun durch Neonazismus bedroht sehe [...] Ich

---

[40] Barch Berlin, DA 3, Bd. 74: Briefe an den Zentralen Runden Tisch der DDR, Bl. 4: Brief eines Ehepaars aus der Ost-Berlin an den Zentralen Runden Tisch der DDR, 22.02.1990.
[41] Zum Beispiel KAS 07-11-3758 Eingaben an die CDU-Fraktion, o. P.: Brief aus Ost-Berlin an die Volkskammer-Fraktion der CDU, 20.01.1990, sowie ebd., o. P. Brief an Lothar de Maizière, 18.12.1989.

habe Angst, meine Damen und Herren, Angst um meine antifaschistische und demokratische Heimat [...].«[42]

Dass diese Ängste Berechtigung hatten, zeigt der Bericht einer seit 1967 in der DDR lebenden bulgarischen Staatsbürgerin. Sie meldete sich am 30. November 1989 beim Konsultations- und Informationszentrum des Zentralkomitees der SED und gestand, sie habe »Angst, auf die Straße oder zur Arbeit zu gehen«, da sie dort massivem »Ausländerhaß« ausgesetzt sei und diese Feindlichkeit noch zunehme.[43]

Gerade im Vorfeld des Verbots der konservativ-nationalistischen Republikaner in der DDR, deren Parteichef Franz Schönhuber im Januar 1990 verkündete, bei den Volkskammerwahlen antreten zu wollen, wurden vermehrt Stimmen laut, die diesbezüglich Angst äußerten. Dabei stand nicht allein die Angst vor Gewalt, Anarchie oder vor einem Umschwung – weg von der friedlichen Bewegung hin zur Gewalt – im Mittelpunkt der Briefe, sondern auch der Verlust der politischen Grundhaltung. Der Antifaschismus als über Jahre propagiertes und durchaus auch angenommenes Identifikationsmerkmal der DDR wurde von zahlreichen Schreibenden hochgehalten und den nationalistischen und neofaschistischen Entwicklungen als Gefahren, die im Zusammenhang mit der Wiedervereinigung stünden, entgegengesetzt. Eindrücklich zeigt dies beispielsweise der Brief einer Viertklässlerin, die von dem Zentralen Runden Tisch der DDR »bitte, bitte keine Wiedervereinigung« forderte, da sie Angst vor den Problemen der Wiedervereinigung habe. Dabei nannte sie neben fehlendem »Hort« und »kein Schulessen« auch »viele Republikaner«,[44] die sie durch die Wiedervereinigung befürchtete. Diese aus dem Systemkonflikt herrührende Erfahrung des Feindbilds Bundesrepublik,

---

[42] Barch Berlin DA 3/14 Sitzungen des Zentralen Runden Tisches der DDR, Bd. 7, Bl. 109 f.: Brief einer Ost-Berlinerin an den Zentralen Runden Tisch der DDR, Berlin 1.1.1990. Vgl. zum Rechtsextremismus in der DDR und dem antifaschistischen Selbstbild in der DDR: NORBERT FREI/FRANKA MAUBACH/CHRISTINA MORINA/ TÄNDLER, MAIK: Zur rechten Zeit. Wider die Rückkehr des Nationalismus. Berlin 2019.

[43] RLS PDS-PV 003: Außerordentlicher Parteitag, Bl. 498: Bericht an das Konsultations- und Informationszentrum AG Eingabenbüro des Zentralkomitees der SED, 30.11.1989.

[44] Barch Berlin DA 3/74: Briefe an den Zentralen Runden Tisch der DDR, Bl. 1: Brief einer Viertklässlerin aus der DDR an den Zentralen Runden Tisch, 05.03.1990.

das Stereotype von Kapitalist*innen, Nazis und Kolonialist*innen beinhaltete, wird folglich in den Briefen sichtbar. Ebenso werden positive Errungenschaften der DDR wie die soziale Versorgung hervorgehoben und oft kontrastierend benannt. Eine anhaltende Alterität zu den Bürger*innen der Bundesrepublik ist in den Briefen somit festzustellen.[45] Statt der vielberufenen Gemeinsamkeiten zwischen Ost- und Westdeutschen, ging aus den Schreiben häufig eher eine Distanzierung hervor.

Dass gerade im Prozess der einsetzenden Transformation in den Briefen verstärkt auf Heimat und Identität Bezug genommen wurde, hängt auch mit der alle Lebensbereiche umfassenden Instabilitätserfahrung zusammen, die durch den Umbruch für die DDR-Bevölkerung einsetzte oder zu erwarten war.[46] Die Aufgabe von alltäglichen Routinen und das erlebte Scheitern dessen, was gestern noch galt, führte vielfach auch zu einer Rückbesinnung und einem individuellen Gefühl des Festhalten-Wollens an Vertrautem. In der Soziologie und Ethnologie wird oft darauf verwiesen, dass erst durch ihre eigentliche Abwesenheit eine DDR-Identität entstand, quasi als »Entzugserscheinung«, aus der Angst heraus, der eigenen Identität beraubt zu werden und sich von »den Westdeutschen« abgrenzen zu müssen.[47] Wachsender Rassismus und Abgrenzung als Reaktion auf die gesellschaftliche Transformation können auch als Ausdruck von Angst im Identitätsdiskurs verstanden werden. Die Rolle des vermeintlich »Anderen« konstituiert das »Eigene« – in dem man etwas als anders definiert, wird auch deutlich, was man angeblich nicht ist. In der Abgrenzung gegen ein fremdes Außen werden Vorstellungen einer imaginären Gemeinschaft deutlich, die ein Homogenitätsideal und damit Vertrautheit suggerieren.[48] Durch die Herstellung von Alterität wird somit

---

[45] Exemplarisch: AGG B III.1 Nr. 11: Korrespondenz mit Bürgern und Verbänden, o. P.: Brief aus Leipzig an Bündnis 90/Die Grünen, ca. 20.05.1990.

[46] KLAUS RIES, zitiert nach: RENATE ZÖLLER: Heimat. Annäherung an ein Gefühl. Bonn 2015, S. 14.

[47] STEFFEN MAU: Lütten Klein (wie Anm. 6), S. 93.

[48] BEATE BINDER: Beheimaten statt Heimat. Translokale Perspektiven auf Räume der Zugehörigkeit. In: MANFRED SEIFERT (HRSG.): Zwischen Emotion und Kalkül. Heimat als Argument im Prozess der Moderne. Leipzig 2010, S. 192.

Identität geschaffen, die im Transformationsprozess zu verschwinden drohte.

Dass angesichts der sich neu definierenden Gesellschaft ein Anstieg von Rassismus zu verzeichnen war,[49] zählt neben zahlreichen anderen Faktoren auch zum Prozess der Selbstfindung in der Transformationszeit. Die DDR-Bevölkerung hatte jahrzehntelang abgeschottet, in einer stark von Homogenisierung geprägten Gesellschaft gelebt. Der Umgang mit Fremdheit und Differenz war somit wenig eingeübt. Internationale Solidarität gehörte zwar zur Staatsideologie, blieb jedoch mehr propagandistischer Anspruch als tatsächliche Lebenswelt. Die Diversifizierung der Gesellschaft, die der Mauerfall 1989 mit sich brachte, war für die DDR-Bürger*innen somit eine neue Erfahrung, mit der sie sich schwer taten, so der Soziologe Steffen Mau in seiner Studie über den Rostocker Ortsteil Lütten Klein.[50] Die angeführten Beispiele in den Briefen zeigen eine Häufung von Alteritäts- und Identitätsdiskursen, die eine Hoffnung auf gesellschaftliche Fortentwicklung der DDR implizieren.

Zusammenfassend lässt sich für die untersuchten Briefe aus der DDR sagen, dass in den ersten Wochen nach dem Mauerfall vielfach eine Erwartungshaltung und Hoffnung hinsichtlich der Mitgestaltung eines neuen Gesellschaftssystems festzustellen ist. Mit der Schreibpraxis setzten die Briefschreibenden diese quasi unmittelbar um. Sie formulierten Hoffnungen und machten Vorschläge für ein konkretes Zukunftshandeln. Spätestens im Januar 1990 stieg jedoch die Angst an, die friedlich verlaufende Revolution könne gewaltsame Züge annehmen und zudem wuchs die Befürchtung, die Kraft des Umbruchs könne sich generell zerschlagen und die Reformierung des SED-Regimes verpuffen.[51] Als mit der ersten freien Volkskammerwahl in der

---

[49] Der Anstieg des Rassismus und der rechtsradikalen Gewalt in der DDR ist seit den frühen 1980er Jahren nachzuweisen, Ende der 1980er, Anfang der 1990er Jahre nimmt diese Gewalt noch einmal dramatisch zu. Zu den Hintergründen vgl. WALTER FRIEDRICH: Ist der Rechtsextremismus im Osten ein Produkt der autoritären DDR? In: *Aus Politik und Zeitgeschichte* (B 46/2001), S. 16–23.

[50] STEFFEN MAU: Lütten Klein (wie Anm. 6), S. 98.

[51] Die Erstürmung der Zentrale des Ministeriums für Sicherheit (MfS) ist dabei als ein Faktor ausfindig zu machen, der die Ängste eines Umschwungs der Friedlichen Revolution in eine gewaltsame unterstützte und oftmals zum Anlass genommen wurde, um überhaupt einen Brief zu schreiben. Vgl. die Häufung der Thematik

DDR im März 1990 schließlich der politische Systemwechsel in der DDR demokratisch legitimiert wurde und die »Allianz für Deutschland« mit ihrem Programm zur Wiedervereinigung die Wahl für sich gewann, zeigt sich in vielen Briefen Enttäuschung hinsichtlich dieser Hoffnungen, da die Grenzen der eigenen Selbstwirksamkeit deutlich wurden.[52] Derartige Enttäuschungserfahrungen nahmen im Laufe der Verhandlungen zum Einigungsvertrag zu, die sich beispielsweise auch in der Kritik an der Arbeit der neuen Volkskammerabgeordneten spiegelten.[53] Die Erfahrung, dass der Umbruch nicht zum gewünschten Ergebnis einer umfassenden Demokratisierung des sozialistischen Systems führte, ist seitdem als konstanter Grundtenor in einer Vielzahl der untersuchten Briefe zu finden, wie das auf Ende Juni 1990 datierte Schreiben eines 54-jährigen Invalidenrentners an den CDU-Vorsitzenden Lothar de Maizière exemplarisch zeigt:

»*Ich bin der Meinung, daß das Volk der DDR im November 1989 mit dem Ziel auf die Straße gegangen ist, alte Machtstrukturen zu beseitigen, Wertvolles zu erhalten und auszubauen, um es einmal besser zu haben. [...] [Nun] muß man eindeutig zu der Schlußfolgerung gelangen, [...] Bürger, die den Umbruch gemacht haben, seien von der Regierung gar nicht erwünscht.*«[54]

Diese Enttäuschungen hinsichtlich der verloren geglaubten Teilhabemöglichkeit und der erfahrene Verlust der Selbstwirksamkeit sowie die Befürchtung des Identitätsverlustes werden in der heutigen Erzählung über das Jahr 1990 oftmals vergessen.

---

in den Briefen in Barch DA 3/Bd. 54: Protestschreiben, so z. B. ebd. Bl. 102: Brief an den Zentralen Runden Tisch der DDR aus Oschersleben, 16.01.1990.

[52] Zum Beispiel Barch Berlin DA 1/17583: Schriftwechsel des Ausschusses Deutsche Einheit, o. P.: Brief an den Ausschuss Deutsche Einheit der Volkskammer aus Pirna, 08.06.1990.

[53] Zum Beispiel AGG BIII.1 Nr. 11: Korrespondenz mit Bürgern und Verbänden, o. P.: Brief aus Rostock an Sabine Bergmann-Pohl, 05.06.1990.

[54] AGG B III.1 Nr. 11: Korrespondenz mit Bürgern und Verbänden, o. P.: Brief aus Niepars an Lothar de Maizière, 21.06.1990.

Briefe aus der Bundesrepublik

Auf Seiten der Bundesrepublik waren die Ängste und Hoffnungen hinsichtlich des Umbruchs in der DDR und der Entwicklung des politischen und sozialen Systems insgesamt deutlich anders gelagert. Vor Abschluss der Wirtschafts-, Währungs- und Sozialunion befürchteten die Briefeschreibenden aus der Bundesrepublik vor allem die anstehenden finanziellen Lasten der Wiedervereinigung. Es wird von einem »finanziellen und politischen Scherbenhaufen« gesprochen, der zu befürchten sei, statt Hoffnung auf eine »friedliche Wiedervereinigung auf demokratischem Wege« zu haben.[55] »Die Forderungen an den Steuerzahler«, die »immer größer werdenden Zuwendungen an die DDR«, die nicht zu stoppende Fluchtwelle und »die Lohndrücker aus der DDR« ließen die Stimmung immer gereizter werden, so viele der Briefschreibenden.[56] Hier gebe es schließlich »auch das Volk« und man könne nicht immer nur von der Bundesrepublik fordern ohne Gegenleistung, so das in den untersuchten Briefen weit verbreitete Credo.[57] Oft wurde dabei die eigene als ungerecht empfundene Situation ins Feld geführt. So schrieb beispielsweise eine alleinerziehende Mutter aus Düsseldorf an den Zentralen Runden Tisch der DDR, die »täglich Angst und Bedrohung« durchlebte, dass eine Wiedervereinigung für sie nicht infrage käme, »wenn im eigenen Land BRD, die Menschen, Deutsche wie Andere so in die Verelendung getreten werden«.[58] Die Sorge, mit der Wiedervereinigung würden jegliche »sozialen und moralischen Hemmungen fallen« und die westdeutsche Bevölkerung würde von den Aus- und Übersiedler*innen »plattgemacht«, da »diese Leute in unser Land kommen und fordern,

---

[55] AGG B III.1 74: Korrespondenz und Stellungnahmen, o. P.: Brief an die Abgeordneten der Volkskammer aus Bochum, 17.05.1990.

[56] Ebd. sowie vgl. Barch DA 3/72: Briefe zur Wiedervereinigung, Bl. 84 f.: Brief an den Zentralen Runden Tisch der DDR aus Bremen, 12.02.1990.

[57] Barch DA 3/ 71 Briefe zur Wiedervereinigung, Bl. 44: Brief an den Zentralen Runden Tisch der DDR aus der Bundesrepublik, 16.02.1990.

[58] Barch DA 3/Bd. 54: Protestschreiben, Bl. 75-80: Brief an den Zentralen Runden Tisch der DDR aus Düsseldorf, 16.01.1990.

was wir nicht haben«[59], kann als Angst vor einem sozialen Verteilungskampf verstanden werden. Gleichzeitig finden sich unter den Briefschreibenden aber auch schon im Dezember 1989 Stimmen, die sich an die politische Ebene der DDR richten und Hoffnungen bezüglich der deutschen Einheit äußern. Diese zeigen sich häufig im Lob an die Bürger*innenbewegung, aber auch an die politische Ebene, quasi als Zuspruch und Hoffnung auf Weiterentwicklung in Richtung Wiedervereinigung. So wurde Egon Krenz beispielsweise als »Mann des Jahres in Europa« bezeichnet, weil er durch seinen Rücktritt »den Menschen zueinander Zugang ermöglichte.«[60] Oftmals schwingt in den Briefen aus der Bundesrepublik dabei jedoch eine gewisse Überlegenheit mit, wie beispielsweise in dem Schreiben von Hermann A. aus Bremen zu lesen ist:

»[...] mal so nebenbei 15 Milliarden als Vorschuß kassieren zu wollen, bevor man hier etwas unterschreiben will, ist eine Unverschämtheit, die sich wohl nur daraus erklärt, daß Sie [gemeint sind die Volkskammerabgeordneten] im Denken – nach 40 Jahren ›sozialistischer Erziehung‹ – reichlich im Rückstand sind, um da noch zwischen Recht, Rechtsausgleich oder Unrecht überhaupt unterscheiden zu können.«[61]

So wurde folglich an Alterität festgehalten und die unterschiedlichen Erfahrungen – westliche Demokratie hier, sozialistische Diktatur dort – immer wieder betont. Nicht die Tatsache der nationalen Herkunft als Deutsche wurde allein begrüßt, sondern sozialistisch gelesene Eigenschaften, wie die »naive Anständigkeit« und die »guten Ausbildungen«.[62] Die grundsätzliche Hoffnung auf die Einheit des Vaterlandes wurde in den Briefen zwar bekundet, aber vielfach mit der gleichzeitigen Erwartungshaltung, dass die Bürger*innen der DDR ihren Teil beizutragen hätten.

---

[59] Ebd.

[60] RLS PDS-PV 003, Bd. 3: Außerordentlicher Parteitag, Bl. 342: Brief aus Kist an Egon Krenz, 21.12.1989.

[61] Zum Beispiel Barch DA 3/72: Briefe zur Wiedervereinigung, Bl. 84 f.: Brief an den Zentralen Runden Tisch der DDR aus Bremen, 12.02.1990.

[62] Barch DA 3/Bd. 54: Protestschreiben, Bl. 75-80: Brief an den Zentralen Runden Tisch der DDR aus Düsseldorf, 16.01.1990.

Auf der anderen Seite wurden in den Briefen auch konkrete Hoffnungen hinsichtlich der gesellschaftlichen und politischen Situation generell benannt. So etwa von Firmen und Einzelpersonen, die auf finanzielle Zuwächse, Absatzmärkte und Karrierechancen hofften. Angebote eines westdeutschen Telefonunternehmens zum flächendeckenden Ausbau in der DDR wurden beispielsweise an die Abgeordneten der PDS-Fraktion herangetragen mit dem Argument, die Deutschen in Ost und West nun besser miteinander zu verbinden, damit ein »schnelles Zusammenwachsen« gelingen würde.[63] Eine Volkswirtin aus Wiesbaden fasste die arbeitsmarktpolitischen Entwicklungen als gerecht auf und erläuterte dem Runden Tisch die Hoffnung, dass eine schnelle Angleichung der Lebensverhältnisse so in kürzester Zeit erreichbar wäre:

»*Ist es nicht mehr als ein gerechter Ausgleich, wenn jetzt Unternehmer vom Westen nach dem Osten gehen und dort ihre Fähigkeiten zum Wiederaufbau einsetzen? Davor brauchen Sie doch keine Angst zu haben. Im Gegenteil: diese Initiativen sollten nach Kräften unterstützt werden.*«[64]

Dass für das Zusammenwachsen beider Teile Deutschlands auch von Seiten der westdeutschen Bevölkerung einige Anpassungsleistungen nötig sein würden, war hingegen kaum Thema.[65] Die Unbeweglichkeit der bundesrepublikanischen Haltung ist an vielen Stellen herauslesbar und gibt zu erkennen, dass die Erwartungen an die DDR-Bürger*innen, sich zu verändern, hinsichtlich der Wiedervereinigung groß waren – die Erwartungen an sich selbst hingegen quasi nicht vorhanden. Zwar äußerten sich Briefschreibende aus der Bundesrepublik auch sorgenvoll

---

[63] RLS VK/10.WP 95: Zuschriften und Eingaben an die PDS-Fraktion, Bl. 3 f: Geschäftsstelle der PDS-Fraktion, 14.05.1990: Auswertung der Zuschriften und Eingaben an die PDS-Fraktion der Volkskammer der DDR.

[64] Barch DA 3/Bd. 72: Briefe zur Wiedervereinigung, Bl. 118: Brief an den Zentralen Runden Tisch der DDR aus Wiesbaden, 14.02.1990.

[65] Vgl. GISELA TROMMSDORFF/HANS-JOACHIM KORNADT: Innere Einheit im vereinigten Deutschland? Psychologische Prozesse beim sozialen Wandel. In: HANS BERTRAM/ RAJ KOLLMORGEN (HRSG.): Die Transformation Ostdeutschlands. Berichte zum sozialen und politischen Wandel in den neuen Bundesländern. Wiesbaden 2001, S. 365–388, hier S. 382.

über die soziale Unsicherheit der DDR-Bürger*innen im kommenden vereinten Deutschland,[66] jedoch galten Zukunftssorgen sonst eher dem eigenen Wohlbefinden, Solidarität wurde selten in den Briefen ausgedrückt. Betont wurde eher eine Unzufriedenheit bei gleichzeitiger Unbeweglichkeit und eine diffuse Zukunftsangst vor persönlicher Veränderung durch die Wiedervereinigung:

»Wir Bürger in der Bundesrepublik sind ja nicht die Ursache der Verhältnisse, die in den letzten 40 Jahren in Ihrem Lande entstanden sind. [...] die Angst um die eigene Situation [...] wächst«,

so ein Briefschreibender an den Zentralen Runden Tisch der DDR.[67]

Fazit

Aus der Vielzahl der untersuchten Briefe wird deutlich: Nach der ersten Euphorie nach dem Mauerfall traten 1990 große Hoffnungen bei den Briefschreibenden in der DDR zutage, die sich neben der schnellen Angleichung der Lebensverhältnisse an die Bundesrepublik, wie heute mehrheitlich erinnert wird, auch im Wunsch nach demokratischer Teilhabe, nach Erhalt der Heimat und Reformierung der DDR in Form einer sozialistischen Alternative zur Bundesrepublik ausdrückten. Die Dynamik der politischen Ereignisse führte jedoch dazu, dass Erwartungen diesbezüglich enttäuscht wurden und diese Vorstellungen schnell in Vergessenheit gerieten. Spätestens mit der Volkskammerwahl setzten große Enttäuschungsschübe bei zahlreichen Briefschreibenden ein, die den Verlust der DDR als Gegenfolie zur Bundesrepublik, als politische und identitätsstiftende Heimat sowie als solidarische Gemeinschaft bedauerten.

In westdeutschen Briefen hingegen scheinen die Erwartungen an die Transformation und mit ihr die Hoffnungen auf eine gesellschaftliche

---

[66] ADS VK/10. WP 95 Geschäftsstelle PDS-Fraktion Berlin, Bl. 3 ff., hier Bl. 5: Auswertung der Zuschriften und Eingaben an die PDS-Fraktion der Volkskammer der DDR, 14.05.1990.

[67] Barch DA 3/Bd. 73 Briefe zur Wiedervereinigung, Bl. 96: Brief an den Zentralen Runden Tisch der DDR aus Karlsruhe, 15.02.1990.

Veränderung in der Bundesrepublik selbst kaum vorhanden gewesen zu sein. Mit dem Ende der DDR setzte auch das Ende der Bonner Republik ein, es hätte eine neue Verfassung geben können und mit ihr eine Reform der parlamentarischen Demokratie. Das Überlegenheitsgefühl der Bonner Republik, die aus dem Ost-West-Konflikt als Siegerin hervorging, bildet jedoch mehrheitlich den Grundtenor der Briefschreibenden, die die Wiedervereinigung nur selten mit Hoffnungen auf einen gesellschaftlichen Wandel auch in Westdeutschland verbanden. Der Wiedervereinigungsprozess wurde von den Briefeschreibenden hier größtenteils als sozialer Verteilungskampf befürchtet.

Die untersuchten Briefe unterstützen das bis heute in weiten Teilen anhaltende Enttäuschungsnarrativ der deutschen Einheit insofern, als dass sich an ihnen enttäuschte Erwartungen zeigen und zwar – die Briefschreibenden aus der DDR betreffend – nicht nur bezüglich ökonomischer oder sozialer Hoffnungen, sondern auch mit Blick auf Reformen und Mitgestaltungsmöglichkeiten. Die Briefe zeugen von einem relativ breiten Willen der Bürger*innen, am Prozess der Wiedervereinigung auch über die Anfänge der Friedlichen Revolution hinaus teilzuhaben. Indem die Briefeschreibenden sich aktiv mit dem Schreibprozess einbrachten, versuchten sie zugleich die ideellen Grundlagen der neuen Republik auszuhandeln, von der sich viele jedoch – spätestens mit dem eindeutigen Wiedervereinigungskurs der »Allianz für Deutschland« – schnell ausgeschlossen fühlten.[68] Die in westdeutschen Briefen häufig gespiegelte Überlegenheit und verbreitete Sorge vor einem sozialen Verteilungskampf lässt dabei erahnen, dass die Bereitschaft in der alten Bundesrepublik, zur gesellschaftlichen Entwicklung beizutragen, oftmals nicht allzu groß war.

---

[68] Vgl. zur »Selbst-Beheimatung« die Untersuchung zur bundesrepublikanischen Nachkriegsgesellschaft von MICHAELA FENSKE: Schreiben als Praxis der Selbst-Beheimatung (wie Anm. 19), S. 127 f.

Autorinnen und Autoren

Dr. Marcus Böick

Geboren 1983 in Aschersleben, Studium der Geschichte, Politikwissenschaft, Soziologie und Sozialpsychologie an der Ruhr-Universität Bochum; 2010 Koordinator des Projektes zur Geschichte der Bundesstiftung »Erinnerung, Verantwortung, Zukunft (EVZ)«; seit 2010 Lehrbeauftragter am Historischen Institut der RUB; 2014–2016 Wissenschaftlicher Mitarbeiter an der Professur für Zeitgeschichte der RUB; 2016 Promotion zum Thema »Manager, Beamte und Kader in einer Arena des Übergangs. Eine Ideen-, Organisations- und Erfahrungsgeschichte der Treuhandanstalt und ihres Personals, 1990–1994«; 2016–2017 Wissenschaftlicher Mitarbeiter im Projekt zur »Wahrnehmung und Bewertung der Arbeit der Treuhandanstalt« im Auftrag des Bundeswirtschaftsministeriums; seit Okt. 2017 Akademischer Rat a. Z.

Forschungsschwerpunkte: Deutsche und Europäische Geschichte im 20. Jahrhundert; Geschichte von Transformationen & Umbrüchen nach 1989; Wirtschafts- und Kulturgeschichte; Sicherheits- und Gewaltgeschichte; Theorien der Geschichtswissenschaften.

Publikationen (Auswahl): Die Treuhand. Idee – Praxis – Erfahrung 1990–1994. Göttingen 2020; (Hrsg.): Im Kreuzfeuer der Kritik. Umstrittene Organisationen im 20. Jahrhundert (mit Marcel Schmeer). Frankfurt am Main u. a. 2020; (Hrsg.): Jahrbuch Deutsche Einheit (mit Ralph Jessen, Constantin Goschler u. a.). Berlin 2020 ff.

Helena Gand, M. A.

Geboren 1988 in Baden-Württemberg, Studium der Geschichte, Europäischen Ethnologie, Sozial- und Kulturanthropologie in Augsburg und Berlin; 2014–2016 Wissenschaftliches Volontariat im StadtPalais. Museum für Stuttgart, 2016–2017 Wissenschaftliche Mitarbeiterin für die Dauerausstellung und das Forschungsprojekt zur Aufarbeitung der Provenienzen der stadtgeschichtlichen Sammlung 1933–1945; 2017–2018 Wissenschaftliche Mitarbeiterin Landesmuseum Württemberg, Kuratorin und Sammlungsleiterin der Bereiche Zeitgeschichte, Körper- und Bilderwelten in der Abteilung Populär- und Alltagskultur; 2018–2019 Wissenschaftliche Mitarbeiterin Stiftung Berliner Mauer, Ausstellungsprojekt Checkpoint Charlie; seit Mai 2019 Doktorandin am Berliner Kolleg Kalter Krieg/

Institut für Zeitgeschichte München-Berlin (Thema: Zukunftsvorstellungen am Ende des Kalten Krieges im deutsch-deutschen Transformationsprozess 1989/1990).

Forschungsschwerpunkte: Alltagsgeschichte, Emotionsgeschichte, DDR-Geschichte, Transformationsgeschichte, Oral History, Geschichte des Nationalsozialismus und Nachkrieg.

Publikationen (Auswahl): NS-Raubgut im Museum für Stuttgart? Neue Ergebnisse und Perspektiven der Provenienzforschung (mit Malena Alderete). In: ZWLG 709/2020, S. 435–446; Changing Perceptions and Expectations: The Symbolic Value of the Berlin Wall after its Fall (mit Sarah Bornhorst und Gerhard Sälter). In: Živa Borak (Hrsg.): Observing Walls: 1989–2019. Ljubljana 2019, S. 33–44; Ideologie und Inszenierung zwischen Kontinuität und Kooperation. Das 15. Deutsche Turnfest 1933 als erstes Massensportereignis im Nationalsozialismus. In: Franz Becker/Ralf Schäfer (Hrsg.): Sport und Nationalsozialismus. Göttingen 2016, S. 107–124.

Prof. Dr. Jörg Ganzenmüller

Geboren 1969 in Augsburg; Studium der Neueren und Neuesten Geschichte, Osteuropäischen Geschichte und Wissenschaftlichen Politik an der Albert-Ludwigs-Universität in Freiburg; 2003 Promotion an der Universität Freiburg mit einer Studie zum belagerten Leningrad; 2004–2010 wiss. Mitarbeiter am Lehrstuhl für Osteuropäische Geschichte der Friedrich-Schiller-Universität Jena; 2008/09 Stipendiat des Historischen Kollegs in München; 2010 Habilitation an der Universität Jena zum polnischen Adel in den westlichen Provinzen des russischen Zarenreiches; 2010–2014 Vertreter des Lehrstuhls für Osteuropäische Geschichte an der Universität Jena; seit 2014 Vorstandsvorsitzender der Stiftung Ettersberg in Weimar; seit 2017 Professor für europäischen Diktaturenvergleich an der Universität Jena.

Forschungsschwerpunkte: Nationalsozialistische Vernichtungspolitik; Stalinismus in der Sowjetunion; Erinnerung an Diktatur und Krieg in Deutschland und im östlichen Europa; Europäischer Diktaturenvergleich; Deutsch-polnisch-russische Beziehungen vom 18.–20. Jahrhundert; Sportgeschichte Osteuropas.

Ausgewählte Publikationen: (Hrsg.): Die revolutionären Umbrüche in Europa 1989/91. Deutungen und Repräsentationen (Europäische Diktaturen und ihre Überwindung, 28), erscheint im Oktober 2021; (Hrsg.):

Jüdisches Leben in Deutschland und Europa nach der Shoah. Neubeginn – Konsolidierung – Ausgrenzung (Europäische Diktaturen und ihre Überwindung, 26). Köln/Weimar/Wien 2020; (Hrsg.): Verheißung und Bedrohung. Die Oktoberrevolution als globales Ereignis (Europäische Diktaturen und ihre Überwindung, 25). Köln/Weimar/Wien 2019.

PD Dr. Gabriele Köhler

Geboren 1954 in Eisenach, Lehramtsstudium, Lehrerin für Deutsch und Russisch, Promotion, Habilitation 2009, bis 2020 Privatdozentin im Bereich Allgemeine Erziehungswissenschaft und Empirische Bildungsforschung an der Erziehungswissenschaftlichen Fakultät der Universität Erfurt.

Forschungsschwerpunkt: Transformationsprozesse im Bildungswesen der neuen Bundesländer.

Publikationen (Auswahl): Zahlreiche Aufsätze zur DDR-Bildungsgeschichte und zum Transformationsprozess; Monografien: Diskurs und Systemtransformation. Der Einfluss diskursiver Verständigungsprozesse auf Schule und Bildung im Transformationsprozess der neuen Bundesländer. Göttingen 2009; (Hrsg.): Der bildungspolitische Einigungsprozess 1990. Verlauf und Ergebnisse der deutsch-deutschen Verhandlungen zum Bildungssystem (mit Georg Knauss und Peter Zedler). Opladen 2000; Anders sollte es werden. Bildungspolitische Visionen und Realitäten der Runden Tische (Studien und Dokumentationen zur deutschen Bildungsgeschichte, 72). Köln/Weimar/Wien 1999.

PD Dr. Nina Leonhard

Geboren 1972 in Berlin, Studium der Politik- und Sozialwissenschaften in Berlin und Paris; 2001 Dissertation im Rahmen eines Ko-Betreuungsverfahrens zwischen der Freien Universität Berlin und dem Institut d'Etudes Politiques de Paris mit einer Arbeit zum Wandel der Erinnerung an die NS-Vergangenheit; 2001–2008 Wissenschaftlerin am Sozialwissenschaftlichen Institut der Bundeswehr in Strausberg; 2009–2016 Dozentin am Fachbereich Human- und Sozialwissenschaften der Führungsakademie der Bundewehr in Hamburg; 2016 Habilitation an der Westfälischen Wilhelms-Universität Münster und venia legendi im Fach Soziologie (Titel der Arbeit: Integration und Gedächtnis. NVA-Offiziere im vereinigten Deutschland); seit 2016 Projektbereichsleiterin im Forschungsbereich Militärsoziologie am Zentrum für Militärgeschichte und Sozialwissenschaften der Bundeswehr (ZMSBw) in Potsdam sowie Privatdozentin am Institut für Soziologie der Westfälischen Wilhelms-Universität Münster.

Forschungsschwerpunkte: Militär-, Kriegs- und Gewaltsoziologie; Soziales Gedächtnis, Erinnern und Vergessen; Politische Soziologie; Kultur- und Wissenssoziologie.

Publikationen (Auswahl): (Hrsg.): Gewaltgedächtnisse. Analysen zur Präsenz vergangener Gewalt (mit Oliver Dimbath). Wiesbaden 2021; (Hrsg.): Volkseigenes Erinnern. Die DDR im sozialen Gedächtnis (mit Hanna Haag und Pamela Heß). Wiesbaden 2017; Integration und Gedächtnis. NVA-Offiziere im vereinigten Deutschland. Konstanz/Köln 2016.

Franz-Josef Schlichting

Geboren 1964 in Leinefelde; Studium der Philosophie und katholischen Theologie; seit 2004 Leiter der Landeszentrale für politische Bildung Thüringen in Erfurt.

Ausgewählte Publikationen: (Hrsg.): Verspielte Einheit? Der Kalte Krieg und die doppelte Staatsgründung 1949 (mit Jörg Ganzenmüller) (Aufarbeitung kompakt, 13). Weimar 2020; (Hrsg.): Das lange Ende des Ersten Weltkriegs. Europa zwischen gewaltsamer Neuordnung und Nationalstaatsbildung (mit Jörg Ganzenmüller) (Aufarbeitung kompakt, 12). Weimar 2020; (Hrsg.): Die Oktoberrevolution. Vom Ereignis zum Mythos (mit Jörg Ganzenmüller) (Aufarbeitung kompakt, 11). Weimar 2019.

Dr. Bettina Tüffers

Geboren 1970 in Frankfurt am Main; Studium der Neueren Geschichte, Alten Geschichte und Anglistik in Frankfurt am Main und Berlin; 2004 Promotion an der Goethe-Universität Frankfurt am Main mit der Arbeit »Der braune Magistrat. Personalstruktur und Machtverhältnisse in der Frankfurter Stadtregierung 1933–1945«; seit 2005 Wissenschaftliche Projektmitarbeiterin der Kommission für Geschichte des Parlamentarismus und der politischen Parteien e. V., Berlin (KGParl); seit 2018 Wissenschaftliche Mitarbeiterin der Kommission für Geschichte des Parlamentarismus und der politischen Parteien (KGParl) in Berlin.

Forschungsschwerpunkte: Parlamentsgeschichte der Bundesrepublik Deutschland und der DDR; Forschungen zu deutschen Parlamentarierinnen; Stadtgeschichte.

Publikationen (Auswahl): Fernsehaufnahmen als historische Quelle. Die Live-Übertragung der Sitzungen der 10. Volkskammer der DDR. In: Geschichte in Wissenschaft und Unterricht 70 (2020), Heft 5/6, S. 298–314; Die 10. Volkskammer der DDR. Ein Parlament im Umbruch. Selbstwahrnehmung, Selbstparlamentarisierung, Selbstauflösung. Düsseldorf 2016; Die Volkskammer im Fernsehen. Strategien der Selbstinszenierung in der 10. Volkskammer der DDR. In: Adéla Gjuričová/Andreas Schulz/Luboš Velek/Andreas Wirsching (Hrsg.): Lebenswelten von Abgeordneten in Europa 1860–1990. Düsseldorf 2014, S. 311–332.

Dr. Francesca Weil

Geboren 1962 in Reichenbach im Vogtland, Studium der Geschichte, Germanistik und Erziehungswissenschaften an der Pädagogischen Hochschule Leipzig; 1988 Promotion an der Pädagogischen Hochschule Leipzig; 1988–1995 Wissenschaftliche Assistentin an der Sektion Geschichte der Pädagogischen Hochschule Leipzig und am Historischen Seminar der Universität Leipzig; 1996–2002 Wissenschaftliche Mitarbeiterin am Lehrstuhl für Zeitgeschichte an der Universität Leipzig; 2003–2006 Stipendiatin am Hannah-Arendt-Institut für Totalitarismusforschung (HAIT) in Dresden; seit 2007 Wissenschaftliche Mitarbeiterin am HAIT; 2014–2020 Leiterin des Forschungsfeldes »Nationalsozialismus« am HAIT.

Forschungsschwerpunkte: Widerstand und politische Verfolgung in der SBZ/DDR; Sozial- und Alltagsgeschichte der DDR; Diktaturenvergleich; Geschichte des MfS; Transformationsforschung; Geschichte des Nationalsozialismus; Geschlechterforschung.

Publikationen (Auswahl): »Uns geht es scheinbar wie dem Führer...« Zur späten sächsischen Kriegsgesellschaft 1943–1945. Göttingen 2020; (Hrsg.): Kindheiten im Zweiten Weltkrieg (mit André Postert und Alfons Kenkmann). Halle (Saale) 2018; Die Runden Tische in der DDR 1989/90. Erfurt 2014.

Abbildungsverzeichnis

Francesca Weil: Institutionen zivilgesellschaftlichen Engagements
Abb. 1 © Bundesarchiv. Bild 183-1990-0115-018
(Fotograf: Rainer Mittelstädt)
Abb. 2 © LVZ/Martin Naumann

Bettina Tüffers: Die 10. Volkskammer der DDR
Abb. 1 © Bundesarchiv. Bild 183-1989-1104-014
(Fotograf: Ralf Hirschberger)

Nina Leonhard: Die Auflösung staatlicher Strukturen
Abb. 1 © Bundesarchiv. Bild 183-1990-0112-303
(Fotograf: Rainer Weisflog)
Abb. 2 © Bundesarchiv. Bild 183-1990-1004-402
(Fotograf: Bernd Settnik)

Wir haben die Rechte des Bildmaterials sorgfältig recherchiert. Sollten Sie dennoch ein Bild- oder Urheberrecht verletzt sehen oder Angaben fehlen, so wenden Sie sich bitte an weimar@stiftung-ettersberg.de.